Tanja Schäfer

Positionen literarischer Dekonstruktion

Tanja Schäfer

Positionen literarischer Dekonstruktion

Paul de Man und Jacques Derrida

Tectum Verlag

Tanja Schäfer

Positionen literarischer Dekonstruktion.
Paul de Man und Jacques Derrida
ISBN: 978-3-8288-9831-8
Umschlaggestaltung: Olaf Mehl, www.typ405.de
Titelbild: Olaf Mehl, »commonstrare« 2008

Besuchen Sie uns im Internet
www.tectum-verlag.de

Bibliografische Informationen der Deutschen Nationalbibliothek
Die Deutsche Nationalbibliothek verzeichnet diese Publikation in der Deutschen Nationalbibliografie; detaillierte bibliografische Angaben sind im Internet über http://dnb.ddb.de abrufbar.

Inhaltsverzeichnis

1. Einleitung

Die Dekonstruktion ist eine Praxis im Bereich moderner Wissenschaftstheorien, die sich in den sechziger und siebziger Jahren des 20. Jahrhunderts entwickelt hat. Es ist sicherlich schwierig, einen eindeutigen Beginn der Dekonstruktion auszumachen. Da aber der französische Philosoph Jacques Derrida als ihr Begründer gilt, ist es sinnvoll, den Beginn der europäischen Dekonstruktion, oder ihre „Initialzündung“[1], auf „das Jahr 1966 ..., als Derrida bei einer Konferenz an der John Hopkins Universität in Baltimore seinen Text »Die Struktur, das Zeichen und das Spiel im Diskurs der Wissenschaften vom Menschen« vorgetragen hat“[2], zu datieren.

Der Dekonstruktivismus findet ebenso Anwendung im Bereich der Architektur, oder im Feminismus und bezieht sich nicht speziell auf den Umgang mit literarischen Texten. Eine dekonstruktivistische Literaturkritik entwickelte sich im Anschluss an Derridas Denken hauptsächlich in Amerika. Ihre bekanntesten Vertreter, Paul de Man, J. Hillis Miller, Geoffrey Hartmann, Harold Bloom sowie Jacques Derrida, „arbeiteten alle einmal an der Yale-Universität, weshalb sie auch als »Yale-Critics« oder »Yale-School« bezeichnet werden“[3]. Derrida gilt, - da er nicht aus dem Bereich der Literatur sondern der Philosophie stammt - als derjenige, von dessen Gedankenmodell aus eine dekonstruktivistische Literaturtheorie entwickelt wurde. „Ihr akademischer Durchbruch erfolgte im Jahre 1979, als der Sammelband *Deconstruction and Criticism* erschien“[4]. Dieser enthält Aufsätze der zuvor genannten Hauptvertreter, der Yale-Critics, die eine literaturkritische Anwendung der Dekonstruktion vornehmen.

Die vorliegende Arbeit beschäftigt sich im Speziellen mit zwei ausgewählten Texten zur Dekonstruktion. Zum einen ist dies der Text *Sémiologie et Grammatologie*, der dazu dienen wird, die Position Jacques Derridas im Einzelnen zu erläutern. Zum anderen bezieht sie sich auf den Essay *Semiology and Rhetoric*, der die Grundlage für die Auseinandersetzung mit Paul de Mans dekonstruktivistischem Standpunkt bildet. Die Texte werden hier exemplarisch als Grundlage der Erläuterung der beiden Po-

1 Münker, Stefan: *Poststrukturalismus*. Stuttgart: Metzler, 2000. S. 141.

2 Ebenda.

3 Münker, Stefan: *Poststrukturalismus*. Stuttgart: Metzler, 2000. S. 140.

4 Münker, Stefan: *Poststrukturalismus*. Stuttgart: Metzler, 2000. S. 141.

sitionen dienen. Bereits aus diesen Titeln ist eine wichtige Tendenz zu ersehen: die Konzentration der Literaturwissenschaft, ebenso aber auch der Philosophie, auf die Sprache als einem grundlegenden Paradigma der Erkenntnis. Die Semiologie, wie sie in ihren Grundlagen auf Ferdinand de Saussure zurückgeht, ist die Wissenschaft von den Zeichen. Da im Dekonstruktivismus dieser Bezug ebenfalls von grundlegender Bedeutung ist, bietet es sich an, Texte zu verwenden, die sich eben darauf beziehen.

Zunächst aber ist es sinnvoll, sich mit den Voraussetzungen und Entstehungsbedingungen einer Praxis zu beschäftigen, die sich mit ihrem Denken von klassischen Mustern der Philosophiegeschichte zu lösen sucht. So gibt Kapitel Zwei, *Voraussetzungen*, zunächst einen Einblick in gesellschaftliche und wissenschaftliche Tendenzen und Entwicklungen, welche ihrerseits die Bedingungen, aber auch die Notwendigkeit eines neuen Denkens ermöglichten. Angesichts der Komplexität der möglichen Einflüsse ist es allerdings notwendig, sich in dieser Darstellung auf die wichtigsten Entwicklungen zu beschränken und diese in der Form zu skizzieren, als dass sie den gesellschaftlichen und wissenschaftlichen Kontext der Entstehungsgeschichte der Dekonstruktion verdeutlichen.

Das dritte Kapitel nimmt sodann einen der wichtigsten Paradigmenwechsel der neueren Wissenschaftsgeschichte - den *linguistic turn* - zum Ausgangspunkt einer Beschreibung der Theorien, auf die sich die Dekonstruktion unmittelbar bezieht und deren direkter Einfluss ihre Entstehung bedingte. Erläutert werden hier sowohl der Strukturalismus, als auch der Poststrukturalismus in ihren Grundlagen. Diese Einordnung ist notwendig, weil sie bereits einige zentrale Gedanken beschreibt, auf die das folgende Kapitel, in dem die Positionen Jacques Derridas und Paul de Mans im Einzelnen dargelegt werden, direkten Bezug nimmt.

Dem ersten Teil des vierten Kapitels liegt Derridas Text *Sémiologie et Grammatologie* zugrunde, der sich mit einigen zentralen Aspekten des Derridaschen Denkens der Dekonstruktion auseinandersetzt. Dieser Text ist in einem Aufsatzband erschienen, der von Julia Kristeva herausgegeben wurde und gibt ein Gespräch der beiden wieder. Julia Kristeva gilt als eine der Hauptvertreterinnen der feministischen Beschäftigung mit dekonstruktivistischer Literaturkritik. Anhand des Textes und seiner Kernfragen und wichtigsten Thesen, zeigt dieses Kapitel die Grundlagen der Derridaschen Dekonstruktion auf. Die Auseinandersetzung soll dazu dienen, einzelne Hauptthemen und Fragen der Dekonstruktion im Sinne einer Auseinandersetzung mit dem abendländischen Denken der Metaphysik, aber auch in Bezug auf Sprache und Text zu erhellen. Sie stellt das Derridasche Gedankenmodell als das grundlegende, theoretische Modell der Dekonstruktion dar.

Der zweite Teil des vierten Kapitels setzt sich mit einem Text Paul de Mans auseinander. Der Essay *Semiology and Rhetoric* ist der einführende Aufsatz zu de Mans Werk *Allegories of Reading. Figural Language in Rousseau, Nietzsche, Rilke, and Proust.* Hier dient er dazu, den dekonstruktivistischen Ansatz Paul de Mans zu erläutern, der auf eine literaturkritische Anwendung Bezug nimmt. Anhand einer Darstellung und einer textbezogenen Analyse des Essays, stellt die Arbeit die Argumentation des vorliegenden Textes dar und löst dann einige zentrale Punkte heraus, um diese näher zu erläutern.

Das letzte Kapitel beschäftigt sich mit den Implikationen, die sich aus dem Dekonstruktivismus für die Literaturtheorie ergeben. Es illustriert hierzu die Beziehung zwischen Philosophie und Literaturtheorie und weist - mit Hilfe der zuvor ausgeführten Positionen - die Folgen einer dekonstruktiven Praxis für zentrale Begriffe in der Literaturtheorie, sowie dem Begriff der Literatur selbst auf. Die Zusammenfassung gibt sodann einen abschließenden Überblick.

2. Voraussetzungen

So, wie man den Stand der theoretischen Diskussion in der universitären Beschäftigung mit Literatur, die ihren produktiven Höhepunkt in den sechziger und siebziger Jahren des 20. Jahrhunderts erreichte, als „verwirrend und konfus"[5] bezeichnen kann, da sie aus einer Vielheit von oft divergierenden Ansätzen und Interpretationsverfahren besteht, die eine Art demokratische Koexistenz führen, ist auch das Erscheinungsbild der Dekonstruktion kein einheitliches. Die Dekonstruktion als eine einheitliche Methode gibt es nicht. Das Gebiet ihrer Entstehung ist nicht etwa die Literaturwissenschaft, sondern die Philosophie. Der Dekonstruktivismus basiert auf dem Gedankenmodell des französischen Philosophen Jacques Derrida und ist nicht einheitlich in dem Sinne, dass es ein ihr zugrunde liegendes Manifest oder Programm gibt, wie es beispielsweise im Surrealismus oder im Futurismus der Fall ist.

In den USA setzte sich im Bereich der Literaturwissenschaft zwar so etwas wie eine Schule der Dekonstruktion - die Yale-School - durch, aber auch diese war ein eher lockerer Verbund von Lehrenden, die alle mit eigenen Arbeiten und verschiedenen Schwerpunkten aufwarteten. Obwohl es also kein einheitliches Programm der Dekonstruktion gibt, kann man doch sagen, dass sie eine gemeinsame Art des Denkens zur Basis hat. Diese ist allerdings am ehesten als ein Prozess zu begreifen, der sich in der Hauptsache mit der Überwindung der klassischen abendländischen Metaphysik und tradierten Denksystemen der Philosophiegeschichte auseinandersetzt. Da Derridas Denken eine „Kritik des Totalitarismus"[6] ist, das sich gegen vereinheitlichende Methodenbildung und „»Reste« totalisierenden Denkens"[7] wendet, somit auch als „»Philosophie der Differenz«"[8] beschrieben werden kann, muss ein solches Denken notwendigerweise ohne vereinheitlichendes Programm, ebenso aber auch ohne eine eigene einheitliche Methode gedacht werden. „Das Problem besteht darin, dass Derrida nach Möglichkeiten suchte, die einer formalisierenden Praxis - sei es der Lektüre, des Sprechens und Schrei-

---

5 Culler, Jonathan: *Dekonstruktion. Derrida und die poststrukturalistische Literaturtheorie*. Reinbek b. Hamburg: Rowohlt Taschenbuch Verlag GmbH, 1988. S. 15.

6 Engelmann, Peter: *Einführung*: Postmoderne und Dekonstruktion. Zwei Stichwörter zur zeitgenössischen Philosophie. *Postmoderne und Dekonstruktion. Texte französischer Philosophen der Gegenwart*.Stuttgart: Reclam, 1990. S. 18.

7 Ebenda.

8 Kimmerle, Heinz: *Derrida zur Einführung*. Hamburg: Junius, 1992. S. 15.

bens oder einer solchen Praxis auf anderen Gebieten, zum Beispiel in der Architektur - entgegengesetzt oder besser, danebengesetzt werden könnten"[9]. Es handelt sich hier also um ein Denken, das sich in seiner Flexibilität und Prozesshaftigkeit nicht festlegt auf ein einheitliches Vorgehen, so auch Gegensätzlichkeiten in sich vereint und nicht etwa als Irrtum ausschließt. „Die Differenz denken, heißt danach: nicht identifizieren, das Andere und das Verschiedene nicht zurückzuführen auf dasselbe und das Gleichartige. ... Das Denken der Differenz kann nur selbst different, differierend sein und nicht stets wieder dasselbe"[10].

Der Dekonstruktivismus ist ein Umgang mit Text. Jacques Derrida verallgemeinert hier allerdings den Begriff des Textes: „Alles als Text aufzufassen, scheint die grundlegende Handlung zu sein, die die Dekonstruktion als Bedingung ihrer Möglichkeit verlangt"[11]. Mit einem allgemeineren Begriff von Text und unter Einbeziehung des Kontextes, richtet sie sich gegen unbewusst übernommene Implikationen die Texten zugrunde liegen. Diese werden als auf den Grundlagen metaphysischen Denkens basierend verstanden. Die dekonstruktive Bewegung, die sich durch den Text selbst ergibt, basiert sodann auf einer Divergenz zwischen den unbewusst zugrunde liegenden Implikationen, auf die der Text keinen Zugriff hat und der bewusst getroffenen Aussage innerhalb des Textes; wobei die zugrunde liegenden Implikationen, die den traditionell gedachten Kategorien verpflichtet sind, zumeist die Aussage des Textes unterminieren, der Text so seine eigene Widersprüchlichkeit aufdeckt.

Ein Denken wie das Jacques Derridas, konnte sich nur in Abgrenzung zu einem traditionellen Denken entwickeln, wie es aus der Geschichte der Philosophie hervorgegangen ist. So ist die Dekonstruktion auch symptomatisch für eine längere Entwicklung, innerhalb Gesellschaft und Wissenschaft, die möglicherweise in der Krise der Metaphysik - zumindest auf wissenschaftlicher Ebene - ihren Anfang nahm und sich im 20. Jahrhundert durch eine Reihe verschiedener Modernisierungen in Bezug auf tradiertes Denken, das hier immer als das Denken der abendländischen Metaphysik gesetzt wird, entwickeln konnte.

---

9 Engelmann, Peter: *Einführung*: Postmoderne und Dekonstruktion. Zwei Stichwörter zur zeitgenössischen Philosophie. *Postmoderne und Dekonstruktion. Texte französischer Philosophen der Gegenwart* Stuttgart: Reclam, 1990. S. 18.

10 Kimmerle, Heinz: *Derrida zur Einführung*. Hamburg: Junius, 1992. S. 15.

11 Engelmann, Peter: *Einführung*: Postmoderne und Dekonstruktion. Zwei Stichwörter zur zeitgenössischen Philosophie. *Postmoderne und Dekonstruktion. Texte französischer Philosophen der Gegenwart*. Stuttgart: Reclam, 1990. S. 20.

Eine einheitliche Definition von Dekonstruktivismus bezüglich dessen, was er im Kern darstellt, ist notwendigerweise ausgeschlossen. Sie entstammt nicht ursprünglich der Literaturwissenschaft, kann aber - verstanden als Umgang mit Texten - von der Literaturwissenschaft adaptiert und auf literarische sowie auf philosophische Texte angewendet werden. Ihre Auseinandersetzung mit den unbewusst übernommenen Implikationen, und das Aufspüren dieser, ist die Auseinandersetzung mit einem vereinheitlichenden, hierarchischen Denken, von dem es sich abzugrenzen gilt.

In ihrer Uneinheitlichkeit und ihrer eigenen Veränderung stellt sie sich demzufolge als eine Bewegung der Abgrenzung gegenüber den zu ihrer Zeit herrschenden wissenschaftlichen Theorien und Disziplinen dar. Sie ist in ihrer Prozesshaftigkeit zu verstehen als das Geschehen einer Überwindung und kann so notwendigerweise an sich und einheitlich nicht erfasst werden. Daher ist es hier sinnvoll, einzelne Aspekte aufzuweisen, auf deren Grunde die Möglichkeit gegeben war, dass sich ein solches Denken oder ein solcher Umgang mit Welt als Text entwickeln konnte. Ihre thematischen Inhalte sind ebenso vielfältig wie ihre praktische Ausführung - im speziellen Zugang und Umgang mit Text. Der dekonstruktiven Praxis gemeinsam; ist die Bewegung der Abgrenzung gegenüber klassischen Fragestellungen der Philosophie und eine Perspektivenverschiebung solchen Fragens, nicht nur auf dem Gebiet der Philosophie, aber auch auf sozialem, gesellschaftlichem und politischem Gebiet.

2.1 Gesellschaft im Wertewandel

Auf gesellschaftlicher Ebene lässt sich bereits seit dem ausgehenden 16. Jahrhundert eine Tendenz zur „Freisetzung des Individuums aus den bestehenden ökonomischen, sozialen und ideologischen Kontexten"[12] erkennen. Dieser Modernisierungsprozess, der den Menschen aus seinen von Geburt bestimmten, ständischen Gegebenheiten oder Klassenzugehörigkeiten herauslöst, bringt die „Freiheit als Grundwert"[13] mit sich. Die Stellung des Menschen beginnt sich zu verschieben. Der Stand des Individuums, einstmals vorgegeben von tradierten Werten, wird aus einem festen Gefüge herausgelöst. Stellenwerte werden nunmehr gemes-

---

12 Engelmann, Peter: *Einführung*: Postmoderne und Dekonstruktion. Zwei Stichwörter zur zeitgenössischen Philosophie. *Postmoderne und Dekonstruktion. Texte französischer Philosophen der Gegenwart.* Stuttgart: Reclam, 1990.S. 8.

13 Ebenda.

sen am Wert des Tauschwertes, der gleichsam als Nivellierer aller anderen Werte gilt. Eine vereinheitlichende, ideologische und leitende Ordnungsstruktur, außer dem Wert des Geldes als leitendem Prinzip, ist nicht mehr gegeben. Gesellschaftliche Entwicklung kann, nicht zuletzt nach dem Scheitern der Großideologien (wie dem Marxismus) und nach dem Nationalsozialismus, nicht mehr teleologisch gedacht werden.

Diese Entwicklung „erzeugt in der gleichen Bewegung einen Mangel und den Zwang zum Ausgleich dieses Mangels“[14]. Es entsteht ein „Integrationsbedarf auf ökonomischem und sozialem Gebiet und ... (ein) Legitimationsbedarf auf ideologischem Gebiet“[15]. Der Wert des Individuums innerhalb der Gesellschaft wird im Zuge grundlegender großgesellschaftlicher und ideologischer Veränderungen - wie der Aufklärung und der industriellen Revolution mit den sich daraus ergebenden sozialen und ökonomischen Konsequenzen - in der spätkapitalistischen Marktgesellschaft über seine Arbeitskraft bestimmt. In der dienstleistungsorientierten Marktwirtschaft und einer Omnipräsenz von Massenmedien, definiert er sich mittlerweile über seine Kaufkraft - das heißt er wird über den Tauschwert des Geldes zum Konsumenten bestimmt: an „die Stelle vorkapitalistischer oder vormoderner Zusammenhänge trat der Tauschwert als das, was Zusammenhang und Einheit stiftete“[16].

Hier ist also bereits eine Perspektivenverschiebung erkennbar. Weg von einer wertorientierten Bestimmung des Menschen in der Welt, konzentriert sich eine Positionierung und Orientierung immer mehr auf funktionalistische Einordnung über den Bezug eines einzigen und so einheitstiftenden Tauschwertes. Werte, wie die der Aufklärung und eines teleologischen Humanismus', sind nicht mehr haltbar, oder werden vielmehr hinfällig.

2.2 Metaphysik in der Krise

Seit Kant in der Philosophie die kopernikanische Wende einleitete, begann das Denken der Metaphysik sich zu wandeln. Es geriet schließlich in eine Krise. Aus dieser Krise entwickelten sich später neue Zweige der Wissenschaft, hauptsächlich der Gesellschaftswissenschaften, aber auch der Humanwissenschaften, die sich in neue Disziplinen ausfalteten. Die ursprüngliche Fragestellung der Philosophie und speziell der Metaphy-

---

14 Ebenda.

15 Ebenda.

16 Ebenda. S. 9.

sik nach dem Wahren und der Erkenntnis eines Sinnzusammenhanges der Welt, hinter den Erscheinungen, verschiebt sich über Kant - damit den Bedingungen von Möglichkeit von Erkenntnis - hinaus zur Frage nach der Möglichkeit von Erkenntnis überhaupt.

Das Streben der abendländischen Metaphysik - oder der Philosophie im Allgemeinen - ist immer die Suche nach einem einheitlichen und universal gültigen Sinnzusammenhang hinter der Welt der Erscheinungen gewesen:

> „Alles auf einen gemeinsamen Nenner zu bringen, das ist traditionell die grundlegende Operation der Philosophie. Denn die Vereinheitlichung der Welt - als was auch immer - gilt in der philosophischen Tradition als Voraussetzung dafür, dass man allgemeine Methoden entwickeln und ihre Allgemeinheit begründen kann"[17].

Das platonische Grundkonzept eines dualistischen Denkens - das eine das Ideal/die Idee, das andere die Ausführung/Abgeleitetes - lässt sich durch die Geschichte der Metaphysik verfolgen. Ein hierarchisierendes, dualistisches Grundmodell des Erkennens, ein dialektisches Denken, war die Folge. Das Streben nach Wahrheit und Erkenntnis bedeutete zugleich auch immer Streben nach Vereinheitlichung und Unveränderlichkeit grundlegender, rein geistig erkannter Werte und Begriffe. Ein strikter Rationalismus forderte unveränderliche, ewig gültige Begriffe des reinen Verstandes. Die Metaphysik betrachtet schließlich das Denken selbst und stellt die Vernunft in den Mittelpunkt ihrer Betrachtungen. Von da aus ergeben sich verschiedene Dualismen wie Leib und Seele, Verstand und Anschauung, Geistigem und Sinnlichem, Anwesendem und Abwesendem.

2.3 Nietzsche

Seit Kant begannen sich die Fragestellungen der Metaphysik zu verschieben und zu einer phänomenologischen Betrachtungsweise zu verändern. Er nahm die Bedingungen der Möglichkeiten von Erkenntnis überhaupt zum Ausgangspunkt seiner Fragen. Friedrich Nietzsches Denken allerdings, brach radikal mit den Fragestellungen der klassischen Metaphysik: Er zweifelte nicht nur den Wert der Wahrheit an, welcher zuvor nie selbst in Frage gestanden hatte, und richtete sich somit gegen die Grundvoraussetzungen der Metaphysik; er verwarf ihn

---

17 Engelmann, Peter: *Einführung*: Postmoderne und Dekonstruktion. Zwei Stichwörter zur zeitgenössischen Philosophie. *Postmoderne und Dekonstruktion. Texte französischer Philosophen der Gegenwart*. Stuttgart: Reclam, 1990. S. 20.

letztendlich sogar – und damit einhergehend das Ideal und metaphysische Kategorialität. In seiner *Genealogie der Moral* beschreibt er in aphoristischer Weise, wie man Ideale ‚macht':

> „Will Jemand ein wenig in das Geheimnis hinab und hinunter sehn, wie man auf Erden Ideale fabrizirt? … „Ich sehe Nichts, ich höre um so mehr. Es ist ein vorsichtiges tückisches leises Munkeln und Zusammenflüstern aus allen Ecken und Winkeln. Es scheint mir, dass man lügt; eine zuckrige Milde klebt an jedem Klange. Die Schwäche soll zum Verdienste umgelogen werden"[18].

Damit bricht die sicher geglaubte und nie in Frage gestellte Annahme weg, dass Ideale möglich seien, die fix und unumwerflich sind. Nietzsche weist sie als kontingente Entitäten in der Geschichte auf, die partikulare Ereignisse darstellen, sich aus speziellen historischen Umständen genealogisch entwickeln und somit transitorische Phänomene sind.

„Nahezu alle wichtigen Themen der … postmodernen Philosophien werden von Friedrich Nietzsches Werk antizipiert, sofern es als eine Reaktion auf den europäischen Idealismus gelesen wird"[19]. Mit seiner Kritik bzw. seinem radikalen Verwerfen der Metaphysik und ihren Fragestellungen, gilt er neben Heidegger gerade den Poststrukturalisten und den Dekonstruktivisten, als ein wesentlicher Vordenker. In ihrem Vorhaben, der Dekonstruktion der Metaphysik unter Bezug auf ihre eigenen Fragestellungen, können sie als Wegbereiter des dekonstruktiven Unternehmens verstanden werden.

Friedrich Nietzsches genealogische – und damit relativierende – Betrachtung der Möglichkeit von fixen Idealen und unumstößlichen Werten „diskreditiert … die ehrwürdigen Termini des Idealismus"[20]. Dies geschieht nicht nur in Bezug auf moralische Werturteile, sondern in der Hauptsache, in Bezug auf die Wahrheit (und ihren Wert) an sich, ebenso auf Erkenntnis einer solchen absoluten Wahrheit, wie sie in der Metaphysik postuliert wird. So zweifelt er an den Grundlagen der Wissenschaft, wenn er behauptet, es sei

> „immer noch ein metaphysischer Glaube, auf dem unser Glaube an die Wissenschaft ruht, – auch wir Erkennenden von Heute, wir Gottlosen Antimetaphysiker, auch wir nehmen unser Feuer noch von jenem Brande,

---

18 Nietzsche, Friedrich: *Zur Genealogie der Moral*. Giorgio Colli u. Mazzino Montinari (Hrsg.). München: Deutscher Taschenbuch Verlag GmbH & Co. KG, 1999. S. 281.

19 Zima, Peter V.: *Moderne/Postmoderne*. Tübingen: Francke, 1997. S. 114.

20 Ebenda. S. 115.

> den ein Jahrtausende alter Glaube entzündet hat, jener Christen-Glaube, der auch der Glaube Plato's war, dass Gott die Wahrheit ist, dass die Wahrheit göttlich ist... Aber wie, wenn gerade dies immer mehr unglaubwürdig wird, wenn Nichts sich mehr als göttlich erweist, es sei denn der Irrthum, die Blindheit, die Lüge, - wenn Gott selbst sich als unsere längste Lüge erweist"[21].

Nicht nur bricht er hier mit dem teleologischen Prinzip eines leitenden und ordnenden Subjekts. Spätestens Nietzsches Aussage über den Tod Gottes, lässt das Denken eines unumstößlichen Fundaments, das einen fixen gültigen Bezugsrahmen ermöglicht, nicht mehr zu. „Der Tod des göttlichen Subjekts bei Nietzsche hat bei den meisten postmodernen Denkern den Tod des menschlichen Subjekts zur Folge"[22]. Eine teleologische Auffassung von Welt und Geschichte kann nicht mehr gelten, wenn einmal - eben mit Nietzsche - bewiesen scheint, dass eine letzte Grundlage zum Abgleich von Wahrheit nicht als gegeben angenommen werden kann. Der Wegfall eines solchen fixen Bezugspunktes, sei es eines „göttlichen oder säkularisierten Subjekt(s)"[23], der außerhalb des Einflusses und Zugriffs des Menschen liegt, ihm also übergeordnet und entzogen ist, macht einen Begriff von Geschichte zunichte, der „als teleologische Entwicklung der Menschheit"[24] und als „richtend oder strafend begleitet"[25] gedacht wird.

Damit ebnet Nietzsche nicht nur einem Aufbruch vereinheitlichender, großer Sinnkonzeptionen den Weg. Es ergibt sich vielmehr eine Perspektivenverschiebung: Weg von groß angelegten Projekten der Metaphysik, eine universale und letztgültige Erklärung der Welt in ihren Erscheinungen und den Zusammenhängen hinter diesen Erscheinungen aufzuspüren und ein für alle mal zu beschreiben, wendet sich der Fokus jetzt einer ungleich partikulareren Sichtweise zu, die nicht mehr den Anspruch der Universalgültigkeit erhebt. Der Mensch wird so auf sich selbst zurückgeworfen, als derjenige, der sich in historischen und gesellschaftlichen Kontexten befindet und nicht mehr auf eine allgemeingültige Erkenntnis der Welt hoffen kann, die hinter diesen Dingen zu finden wäre. Denn „was ist schon »Wahrheit«, wenn sie lediglich aus einer tradierten, angelernten, aber unreflektierten Metaphorik besteht?"[26]. Das

---

21 Ebenda. S. 401.

22 Ebenda. S. 117.

23 Ebenda. S. 115.

24 Zima, Peter V.: *Moderne/Postmoderne*. Tübingen: Francke, 1997. S. 115

25 Ebenda.

26 Ebenda.

Scheitern einer der letzten Großideologien, des Marxismus, mag diese Entwicklung veranschaulichen.

Was Nietzsche ebenfalls vorwegnimmt, ist die Erkenntnis, dass Werturteile über den Weg der Sprache und der Metaphorik konstituiert werden. Diesen Prozess beschreibt seine Umwertung aller Werte, die eben Werte nicht mehr darstellt, als gegebene fixe Ideale, sondern sie vielmehr genealogisch und etymologisch als historische aufweist. Somit ist eine ewig gültige - auf ein Ziel oder göttliches Subjekt als Garantie ausgerichtete - Ordnung nicht mehr möglich und der Zufall gewinnt an Gewicht. „Zufall und Spiel, Fragment und Vielheit: Dies sind Begriffe eines neuen Denkens, das nach dem Zusammenbruch des hegelianischen Marxismus nicht mehr nach den Gesetzen des historischen Prozesses Ausschau hält“[27]

2.4 Moderne/Postmoderne - Denken im Wandel

Die Wende von traditionellem Denken zu neuem Denken, lässt sich auch verdeutlichen am Beispiel des Übergangs der Moderne zur Postmoderne. Moderne, und Postmoderne werden hier nicht als „Ideologien, Weltanschauungen oder rivalisierende Ästhetiken“[28] verstanden, sondern sind „eher als gesellschaftliche und historische Problematiken aufzufassen: als sozio-linguistische Situationen, in denen bestimmte Antworten auf bestimmte Fragen gesucht werden“[29]. In der Abgrenzung der beiden gegeneinander ist ihr Verhältnis nicht als radikaler Bruch oder radikale Abkehr zu verstehen: „Auch in unserer Zeit wirken vormoderne, moderne, modernistische und postmoderne Strömungen in Politik, Wissenschaft und Kunst zusammen, so dass es unmöglich ist, von einer rein postmodernen Zeit seit 1950 oder 1960 zu sprechen“[30]. Die Begriffe sollen hier dazu dienen, Änderungen der Perspektive und der Fragestellungen zu illustrieren, die den Kontext zur geschichtlichen und gesellschaftlichen Einbettung des Dekonstruktivismus darstellen. Sie können nicht nur in ihren Fragestellungen, aber auch in ihrem Verhältnis zueinander, mit dem Verhältnis des Strukturalismus zum Poststrukturalismus vergleichen werden.

---

27 Ebenda. S 117.

28 Zima, Peter V.: *Moderne/Postmoderne*. Tübingen: Francke, 1997. S. 20.

29 Ebenda.

30 Ebenda. S. 18.

Der Perspektivwechsel, der sich von klassischen, noch in der Moderne verteidigten Fragestellungen hin zu postmodernen Fragen vollzieht, kann wie folgt skizziert werden:

> „Charakteristisch für den epistemologisch strukturierten Modernismus sind folgende Fragen: «Wie kann ich diese Welt, der ich angehöre, interpretieren?» – «Was kann ich wissen?» – «Wer weiß es und wie zuverlässig ist sein Wissen? » – «Wo liegen die Grenzen des Erkennbaren?» Im Gegensatz dazu lauten die ontologischen Fragen der Postmoderne: «Was ist dies für eine Welt?» – «Was soll in dieser Welt gemacht werden?» – «Welches von meinen Ichs soll es tun?» – «Was ist eine Welt?» – «Welche Welten gibt es, wie sind sie beschaffen, und wie unterscheiden sie sich?»"[31].

Hinter den Fragestellungen der Moderne, wie sie hier exemplarisch skizziert werden, verbirgt sich noch die Hoffnung, auf die Möglichkeit von Erkenntnis. So gibt Terry Eagelton der Moderne den Vorzug gegenüber der Postmoderne, denn was „den Modernismus in seinen Augen wertvoll und erhaltenswert macht, ist seine Suche nach Sinn und Wahrheit. In der Postmoderne wird diese Suche durch ein wertneutrales Streben nach Geld und Macht verdrängt"[32]. Hegel geht noch davon aus, „Zweideutigkeiten und Widersprüche, die sich unserer Erkenntnis entgegenstellen, durch ein synthetisierendes Denken zu überwinden"[33]. Im Postmodernismus ist eine solche Möglichkeit nicht mehr denkbar, vor allen Dingen aber wird sie irrelevant.

Bei Paul de Man, wie im Folgenden noch aufgezeigt werden wird, wird eine „Diskrepanz zwischen Subjekt und Objekt"[34] deutlich hervortreten. Im postmodernen Denken wird nicht mehr davon ausgegangen, dass Wirklichkeit vom Subjekt restlos und eindeutig erfasst werden kann, denn das „Subjekt konstruiert seine Gegenstände in Raum und Zeit und kann nicht von Hegels Grundgedanken ausgehen, dass der Begriff der Wirklichkeit innewohnt"[35]. Eine eindeutig erfassbare Wirklichkeit ist in der Postmoderne nicht mehr zu denken. Vielmehr stellt der Postmodernismus eine Begrüßung der Vielheit und der Widersprüchlichkeit dar, ist dementsprechend also partikularer, als der Modernismus.

---

31 Ebenda. S. 239.

32 Zima, Peter V.: *Moderne/Postmoderne*. Tübingen: Francke, 1997. S. 237.

33 Ebenda. S. 246.

34 Ebenda. S. 219.

35 Ebenda. S. 219.

„Wie die modernen Autoren reflektieren die postmodernen ihre literarischen Konstruktionen"[36], die eben als solche, also als Konstruktionen, gesetzt werden. Allerdings „verknüpfen sie keinen Wahrheitsanspruch mit diesen Konstruktionen, deren Partikularität und Kontingenz offen zugegeben werden"[37]. Auch hier geht die Postmoderne auf Nietzsche zurück. Nietzsche, als „Denker der extremen Ambivalenz"[38], sagt ebenfalls in seiner Genealogie der Moral über das Kunstwerk:

> „Die Kunst, vorweg gesagt, ..., - die Kunst, in der gerade die Lüge sich heiligt, der Wille zur Täuschung das gute Gewissen zur Seite hat, ist dem asketischen Ideale viel grundsätzlicher entgegengestellt als die Wissenschaft"[39].

Hier wird nicht nur die Selbstreferenzialität von Kunst ersichtlich, sondern auch das Kunstwerk als reine Konstruktion, das sich seiner selbst bewusst ist. Dieses Selbstbewusstsein des Kunstwerkes als einer Konstruktion, das gerade in seiner Fiktionalität seine eigene Form nicht in Bezug auf einen ihm äußeren Sinn erkennt, steht so auch der Wissenschaft gegenüber. Es ist nicht auf Wahrheitsfindung oder Sinnsetzung ausgelegt. Diese geht „nicht nur in der postmodernen Literatur, sondern auch in den mit ihr verwandten poststrukturalistischen Literaturtheorien"[40] verloren. So erklären

> „Jacques Derrida oder Paul de Man die strukturalistische Suche nach Bedeutungen für illusorisch und schädlich: für eine logozentrische Unart, die sich nur deshalb am Leben erhält, weil sie weiterhin von rationalistischen und hegelianischen Vorurteilen genährt wird. Es sind Vorurteile der Moderne, an denen der Modernismus als Selbstkritik der Moderne z.T. noch festhielt, denen aber die Postmoderne keinen Platz mehr einräumt"[41].

Es wird die „poetische oder erzählerische Konstruktion der Wirklichkeit als solche, d.h. als »subjektive Setzung« sichtbar"[42]. Im Postmodernismus kann also nicht mehr angenommen werden eine Wirklichkeit, ein Ding an sich, abzuzeichnen oder darzustellen. „Die großen metaphysischen

---

36 Ebenda. S. 257

37 Ebenda.

38 Ebenda. S. 247.

39 Nietzsche, Friedrich: *Zur Genealogie der Moral.* Giorgio Colli u. Mazzino Montinari (Hrsg.). München: Deutscher Taschenbuch Verlag GmbH & Co. KG, 1999. S. 402.

40 Zima, Peter V.: *Moderne/Postmoderne.* Tübingen: Francke, 1997. S. 272

41 Ebenda. S. 273.

42 Ebenda. S. 247.

Erzählungen werden nicht … angezweifelt und zerlegt, sondern abgelehnt und durch das spielerische Experiment"[43] ersetzt.

Die tolerante und demokratisierende Postmoderne, die „nicht etwas Neues anstrebt, sondern dadurch erneuernd wirkt, dass (sie) … alle, auch die einander widersprechenden Stilarten in sich aufnimmt"[44], ist nicht mehr einer wertebezogenen Ausrichtung verpflichtet, die sich darauf konzentriert Sinn, Wahrheit oder Bedeutung zu erkennen. Sie ist ein Spiel mit Pluralismus und Indifferenz. In ihrem Verzicht auf einen ideellen Wahrheitsanspruch, wird sie selbst insofern ambivalent betrachtet, als dass manche sich „enttäuscht von einer inhaltsleeren und marktkonformen Literatur abwenden, während andere eine Postmoderne zelebrieren, die sich mit bürgerlichen Konventionen und den Gepflogenheiten der Kulturindustrie versöhnt"[45]. Die postmoderne Kunst rückt so unversehens in die Nähe der Konsumorientierung innerhalb der Gesellschaft und nähert sich einem Zur-Ware-Werden an.

Die Annahme ewiger Wahrheiten gerät seit Nietzsche als ganzes Gedankenmodell in Zweifel. Die Moderne ist allerdings immer noch auf der Suche nach eindeutigem Sinn, wenn auch nicht mehr in so großen Zusammenhängen wie zuvor. Der Strukturalismus und neue Disziplinen von Humanwissenschaften, die die sich zu Beginn des 20. Jahrhunderts entwickeln, nehmen den Menschen mehr und mehr als gesellschaftlich bestimmtes, sich in Machtverhältnissen befindendes Individuum in sozialen und historischen Zusammenhängen in den Blick. Die Perspektive verlagert sich so von zunächst ideellen Begriffen zu pragmatischen, funktionalistisch orientierten System- und Strukturtheorien, die sich auf den Menschen als den Mittelpunkt seiner Eingebundenheit in sinnproduzierende Systeme konzentrieren. Im Postmodernismus, im Speziellen in der Dekonstruktion, verschiebt sich die Perspektive noch einmal, so dass hier selbst ein letztes Erkennen von gültigem und eindeutigem Sinn verworfen bzw. irrelevant wird.

---

43 Ebenda. S. 256.

44 Ebenda. S. 270.

45 Ebenda. S. 243.

2.5 Literaturwissenschaft in der Krise

Die Literaturwissenschaft gerät „in den sechziger Jahren in die Krise“[46]. Auf dem Hintergrund des soeben skizzierten Werte-, Gesellschafts- und Denkwandels verliert sie zusehends an einer ausreichenden Rechtfertigung ihres Gegenstandes. Klassischerweise rechtfertigte sich die Literaturwissenschaft aus dem Selbstwert ihres Gegenstandes. Dieser Gegenstand war der Wert und das Wesen des Dichterischen und der Literatur als einer der „spezifischen Formen der Erkenntnis und der Wahrheit“[47]. Innerhalb dieser Krise galt die Aufmerksamkeit zunächst einmal einer „Ortsbestimmung der Literatur in der Kultur der Gegenwart“[48]. Damit aufs engste verbunden war „das Problem der Objektkonstituierung“[49] innerhalb einer universitären Beschäftigung mit Literatur.

Die Literaturwissenschaft sah sich stets bemüht einen „Nachweis der Einzigartigkeit und Unersetzbarkeit der Kunst“[50] zu führen, und sich so unter anderem auf die Autoreflexivität der Literatur zu berufen. Dies diente ihr als Abgrenzung und Sicherstellung ihrer Eigenständigkeit und Unabhängigkeit gegenüber anderen wissenschaftlichen Gebieten und Disziplinen. Gleichzeitig ergab sich daraus eine besondere Stellung der Literaturwissenschaft, als einer gesonderten Form von wissenschaftlichem Diskurs. Sie sah ihre Aufgabe weder darin, spezifisches Wissen zu produzieren, noch sich methodologisch zu einem speziellen Gebiet innerhalb der Humanwissenschaften eindeutig zu beziehen.

Mit dem Vormarsch neuer Disziplinen in den Humanwissenschaften, im Speziellen der Freudschen Psychoanalyse, der Soziologie oder dem Marxismus, geriet sie unter den Druck ihren Gegenstand innerhalb eines neuen Denkens über den Menschen zu positionieren. Diese neuen „Wissenschaften greifen die traditionellen Legitimationszusammenhänge an, indem sie die bestehenden Normen als historische bzw. individuelle und damit transitorische Erscheinungen nachzuweisen versuchen“[51]. Sie führen das „Wesen des Dichterischen“ auf gesellschaftlich-historische oder individuelle-unbewusste Ursachen zurück. Daraus ergibt sich allerdings

---

46 Bogdal, Klaus-Michael: Einleitung: Von der Methode zur Theorie. *Neue Literaturtheorien. Eine Einführung*. K.M. Bogdal (Hrsg.). Oplade: Westdeutscher Verlag GmbH, 1997. S. 10.

47 Ebenda. S. 12.

48 Ebenda. S. 28.

49 Ebenda.

50 Ebenda. S. 12.

51 Ebenda. S. 15.

eine Relativierung solcher mystifizierter und mystifizierender Vorgänge wie dem jeweils individuellen Schöpfertum des Dichters oder der Wahrheit des Werkes. Diese lassen sich nicht mehr unkritisch halten.

Es vollzog sich ein Bruch „der die Ideologie der Literatur von ihrer Wissenschaft trennt"[52]. Nicht mehr die Beschäftigung mit den Inhalten und der Fiktionalität von Werken steht heute im Mittelpunkt des literaturwissenschaftlichen Interesses. Es entwickelte sich vielmehr ein wissenschaftstheoretisches Interesse. Im Zuge der Bemühungen der Literatur – als einer wissenschaftlichen Disziplin an Universitäten – eine sichere Rechtfertigungsgrundlage zu etablieren, öffnete Literaturwissenschaft sich nicht nur einer Theoretisierung und einer Methodologisierung. Es wurde außerdem nötig, einen Übergriff auf andere Disziplinen zu machen und eine Öffnung der Literaturwissenschaft gegenüber anderen Bereichen der Gesellschafts- und Human- und Geisteswissenschaften vorzunehmen. Die Entwicklung ging so in die Richtung einer Erweiterung der Wesensbestimmung durch neues Wissen und ein sich änderndes Denken. Es stand

> „die Bemühung im Zentrum, die neuen Methoden in Verbindung mit bestimmten *wissenschaftstheoretischen Ansätzen* (von Foucault bis Luhmann) zu einem literaturtheoretischen Konzept fortzuschreiben, das eine gesellschaftliche Legitimation beanspruchen kann"[53].

Die wissenschaftliche, theoretische Beschäftigung der Literatur mit sich selbst, richtete ihr Hauptaugenmerk jetzt nicht mehr auf die klassischen wertorientierten Paradigmen wie der Wahrheit der Kunst, der Singularität des Werkes, oder auf eine einfühlende, hermeneutische Lesart. Zum einen wurde Literatur nun über formellere Bezüge – zur Grammatik, Rhetorik, Sprache und dem Zeichen – zu einem Beispiel für die Funktionsweise des Menschen, im Speziellen für die Fähigkeit des Menschen, sinnbildende Zeichensysteme zu generieren. Zum anderen wurde sie unter dem Gesichtspunkt einer historischen Perspektive – durch Einbindung (wie sie Foucault vornimmt) in Politik, sowie Macht- und Produktionsstrukturen – zu einem vermehrt gesellschaftlich betrachteten Phänomen. Dies ordnete Literatur als genealogisch ein und nahm ihr so den singulären Charakter von Werken, die ansonsten einem jeweils spezifischen und individuellen Schöpfergeist zuzuordnen gewesen wären.

---

52 Bogdal, Klaus-Michael: Einleitung: Von der Methode zur Theorie. *Neue Literaturtheorien. Eine Einführung*. K.M. Bogdal (Hrsg.). Oplade: Westdeutscher Verlag GmbH, 1997. S. 22.

53 Ebenda. S. 23.

Ebenso relativiert dies die Individualität eines Werkes in Bezug auf Wahrheitsfindung oder als ästhetisches Werk.

Entsprechend ergibt sich eine Verschiebung von wertorientiertem Denken als Bestimmungsgrundlage von Literatur zu einem funktionalistischen Einbinden in gesellschaftlichen, historischen und ökonomischen Kontext. Neue Begrifflichkeiten entstanden und setzten sich durch. In Anlehnung an Objektivierungsversuche und empirische Ausrichtungen der Untersuchungen und Methoden, wie es aus dem naturwissenschaftlichen Bereich bekannt ist, ist nunmehr die Rede von wissenschaftlicher Wahrheit, Intertextualität und Kontextualität, symptomalen Analysen und Beschreibungen von Strukturen, wie es der Strukturalismus tut. Aber auch ihre formalen - seien es sprachliche, oder aber historische und gesellschaftliche wie bei Foucault - Funktionsweisen stehen jetzt im Vordergrund. Der Strukturalismus, von dem später noch die Rede sein wird, wird so auch von seinen Gegnern „des Formalismus angeklagt: Er vernachlässige den thematischen Inhalt eines Werks, um sich auf dessen spielerische, parodistische oder sprengende Beziehung zu literarischen Formen wie, Codes und Konventionen zu konzentrieren“[54].

2.5.1 Die literaturkritische Debatte in Amerika

Eine ähnliche Tendenz ist an amerikanischen Universitäten bereits zu Beginn des 20. Jahrhunderts zu erkennen: "the 1920s generated a lively criticism and a flourishing critical debate"[55]. Hier entwickelte sich im Rahmen universitärer Beschäftigung mit Literatur eine neue Disziplin, die später auch Eingang in die Lehrpläne der Universitäten fand: "The MLA changed its constitution ..., to add 'criticism' to its goals: 'the object of the Association shall be to promote study, *criticism*, and research in modern languages and their literatures.'"[56]. Diese neue Disziplin, „oft bloß <Theorie> genannt“[57], stellt ebenfalls nicht etwa eine einheitliche Form der Theoriebildung dar. Sie bietet vielmehr Raum für verschiedene, oft auch divergierende, einander ausschließende Interpretationsansätze. In Bezug auf die amerikanische Literaturtheorie, gibt es "two dis-

---

54 Culler, Jonathan: *Dekonstruktion. Derrida und die poststrukturalistische Literaturtheorie.* Reinbek b. Hamburg: Rowohlt Taschenbuch Verlag GmbH, 1988. S. 19.

55 Culler, Jonathan: *Framing the Sign. Criticism and its Institutions.* Oxford: Basil Blackwell, 1988. S. 5.

56 Ebenda. S. 6 f

57 Culler, Jonathan: *Dekonstruktion. Derrida und die poststrukturalistische Literaturtheorie.* Reinbek b. Hamburg: Rowohlt Taschenbuch Verlag GmbH, 1988. S. S. 8.

tinct moments in this historical process: the rise of the 'New Criticism' from the 1930s through the 1950s, and the impact on literary criticism in recent years of various theoretical perspectives and discourses - psychoanalysis, linguistics, feminism, structuralism, deconstruction"[58].

Mit den aufgeführten interpretatorischen Ansätzen sind die wesentlichen neueren Theorien benannt. Der amerikanische *New Criticism* stellt, von allen unter den vorgenannten Interpretationen, die wohl noch klassischste Form der Interpretation dar. Seine „interpretativen Unternehmen ... waren aufs engste verbunden mit der Bewahrung der ästhetischen Autonomie und der Verteidigung der Literaturwissenschaft gegen die Übergriffe anderer Wissenschaften"[59]. Sein *close reading* bezieht sich ausschließlich auf eine Analyse des Textes unter Ausschluss soziologischer, politischer oder historischer Bezüge. Der Strukturalismus hingegen, sowie die anderen zuvor benannten Analysen, konzentrieren sich in ihrer Ausrichtung eher auf die „Bedingungen des Bedeutens, auf die verschiedenen Strukturen und Prozesse, die bei der Produktion von Sinn eine Rolle spielen"[60].

In dieser Situation, in der die universitäre Beschäftigung mit Literatur - sei es in Europa oder in Amerika - in Bedrängnis gerät, öffnete sie sich also in Hinblick auf neue Disziplinen und trat in eine Interaktion mit anderen Humanwissenschaften. Auch in den USA konzentrierte sich das Interesse zunehmend auf eine Anlehnung an die Linguistik oder die Psychoanalyse. Methodologisierung und Theoretisierung war eine notwendige Folge der „Öffnung gegenüber den zu dieser Zeit hoch gewerteten Gesellschaftswissenschaften, der Soziologie, der Politischen Ökonomie und der Geschichtswissenschaft"[61]. Die Erneuerungen reichten in Deutschland bis hin zu einer Neuschreibung der Lehrpläne für den Deutschunterricht. Zahlreiche neue Methoden wurden ausgebildet, bzw. in Anlehnung an soziologische, psychologische oder auch marxistische Erklärungsmodelle und Theorien entwickelt oder übernommen. Diese konnten auf objektivere Vorgehensweisen und empirische Grundlagen zurückgreifen.

---

58 Culler, Jonathan: *Framing the Sign. Criticism and its Institutions.* Oxford: Basil Blackwell, 1988. S. 7.

59 Culler, Jonathan: *Dekonstruktion. Derrida und die poststrukturalistische Literaturtheorie.* Reinbek b. Hamburg: Rowohlt Taschenbuch Verlag GmbH, 1988. S. 18.

60 Ebenda.

61 Kammler, Clemens: Historische Diskursanalyse (Michel Foucault). *Neue Literaturtheorien._Eine Einführung.* K.M. Bogdal (Hrsg.). Oplade: Westdeutscher Verlag GmbH, 1997. S. 19.

Literaturwissenschaft platzierte sich so mehr und mehr innerhalb gesamt-gesellschaftlicher Zusammenhänge und entfernte sich von ihrer klassischen einfühlsamen Lesart, die nun verstanden wurde als eine „Unterwerfung der Literaturwissenschaft unter das, was als das „Wesen des Dichterischen" bestimmt worden war und als „einfühlende" Interpretation eine wissenschaftliche Objektkonstituierung verhindert hatte"[62].

---

62 Kammler, Clemens: Historische Diskursanalyse (Michel Foucault). *Neue Literaturtheorien. Eine Einführung*. K.M. Bogdal (Hrsg.). Oplade: Westdeutscher Verlag GmbH, 1997. S. 19.

3. Paradigmenwechsel in der Wissenschaft

Der *linguistic turn* ist einer der wichtigsten und einflussreichsten Paradigmenwechsel der neueren Wissenschaftsgeschichte zu Beginn des 20. Jahrhunderts. Er basiert auf der Annahme, dass alle Erkenntnis in Sprache ausgedrückt wird bzw. notwendigerweise ausgedrückt werden muss. So rückt die Sprachwissenschaft, im Speziellen die Linguistik, in den Vordergrund der Beschäftigung mit Erkenntnisprozessen und Sinnproduktion.

3.1 Strukturalismus

Eine der einflussreichsten Theorien, die auch in die Literaturwissenschaft Eingang gefunden hat, ist der Strukturalismus. Dem *linguistic turn* folgend, also ausgehend von der Theorie, dass alle Sinn produzierenden Systeme die der Mensch ausbildet sich auf derselben Grundlage und denselben Strukturen und Prozessen wie die Sprache (als System) gründen, nimmt die Konzentration auf Sprache als einem grundlegenden System des sinnproduzierenden Menschen zu:

> „A radically innovatory programme for the theory and methodology of linguistic study, the *Thèses,* introduced the notion of *structure* as the key term ... Under the influence of Saussure and the Russian linguist Baudouin de Courtenay, the authors of the *Thèses* proposed language as a functional *system,* to be understood in the light of its *aim* (that of communication). *Structure, ...,* is the structure of the system, the manner in which the individual elements of a particular language are arranged for this purpose in relations of mutual dependence. Since this differs from one language to another, it follows that the separate components of a system can only be understood in the light of the system as a whole, and therefore that the primary object of linguistic study must be the structure of the system itself rather than the individual linguistic fact"[63].

Das Hauptaugenmerk des Strukturalismus liegt auf der Anordnung einzelner Elemente innerhalb einer Struktur. Ein strukturalistisches Vorgehen zerlegt dabei ein System in seine kleinsten Teile (wie dem Phonem in der Sprachwissenschaft), wobei die relationalen Differenzen dieser Elemente zueinander Sinn hervorbringen. Wenn wir diese These an einem alltäglichen Beispiel, dem einer Ampel erläutern, wird deutlich:

---

63 Robey, David: Introduction. *Structuralism: An Introduction,* David Robey (Hrsg.). Oxford: Clarendon Press, 1973. S. 1.

„that the acquisition of a language such as that of the traffic lights is not achieved by learning piecemeal the meanings of the signs taken one by one and in isolation: it is the learning of a *system* within which each of the differential values finds its place. Red can only mean stop because green means go and because many other possibilities are ruled out as meaning nothing"[64]

Daraus folgt, dass einzelnen isolierten Teilen keine Bedeutung zu entnehmen ist. Ihre Bedeutung besteht ausschließlich in ihrer relativen Anordnung und Funktion zueinander. Dieses System entnimmt seine grundlegenden Aspekte den Thesen Ferdinand de Saussures und seiner Beschäftigung mit der Sprache.

3.1.1 Saussure

Der Strukturalismus basiert in seinen Grundlagen auf den Annahmen Ferdinand de Saussures. Seine Untersuchungen galten dem Aufbau von Sprache und - ausgehend davon - einer Beschreibung allgemeiner Strukturen. Er zerlegte Sprache zunächst in drei Kategorien: *Langage, parole* und *langue. Langage* bezeichnet die menschliche Fähigkeit des Sprechens. *Parole* ist der Akt des Sprechens selbst, die Ausführung von *langue,* wobei *langue* hier das Systemische einer Sprache bezeichnet, nämlich „die Sprache als normatives, durch allgemeine Regeln und verbindliche Konventionen strukturiertes virtuelles »System von Zeichen«"[65]. Die Konzentration der Linguistik gilt diesem systemischen Teil der Sprache, der *langue.*

Das Zentrum von Saussures Beschäftigung mit Sprache bildete „seine **Beschreibung der Struktur des kleinsten bedeutsamsten Elements** dieses Systems, des Zeichens selbst"[66]. Er trennte Signifikat/signifié und Signifikat/signifiant, wobei das eine das Bezeichnete, das andere das Bezeichnende ist. Die Beziehung dieser beiden Seiten zueinander ist unmotiviert: „Es gibt nicht irgendein Substrat zu den sprachlichen/linguistischen <Entitäten>; <sie> haben die Eigenheit, einzig wegen ihres Unterschieds zu existieren, ohne dass das Pronomen *sie,* wo auch immer, dazu käme, etwas anderes zu bezeichnen als einen Unterschied"[67]. Dies

---

64 Mepham, John: The Structuralist Sciences and Philosophy. *Structuralism: An Introduction,* David Robey (Hrsg.) Oxford: Clarendon Press, 1973. S. 124.

65 Münker, Stefan: Poststrukturalismus. Stefan Münker u. Alexander Roesler (Hrsg.). Stuttgart: Metzler 2000. S. 2.

66 Ebenda. S. 3.

67 Fehr, Johannes: *Ferdinand_de Saussure. Linguistik und Semiologie. Notizen aus dem Nachlaß Texte, Briefe und Dokumente.* Frankfurt a. Main: Suhrkamp, 1997. S. 405.

bedeutet aber nicht gleichzeitig, „dass die interne Beziehung von Signifikat und Signifikant beliebig wäre“[68]. Ein Signifikat ist innerhalb des Systems von Sprache untrennbar mit einem spezifischen Signifikanten verbunden, ansonsten wäre keinerlei Kommunikation möglich. Die Arbitrarität des Zeichens wurde zu einem der ersten Grundsätze der allgemeinen Sprachwissenschaft und bezeichnet den Umstand, dass keine Beziehung zwischen einem bestimmten Lautbild und seines Ausdrucks besteht, die ‚von Natur aus‘ festgelegt wäre.

Sinn generiert sich demzufolge innerhalb eines Systems durch die Bezugnahme seiner einzelnen Elemente zueinander:

> „Das erste <universelle> Merkmal der Sprache [>language<] ist, mittels der Unterschiede, und zwar der *Unterschiede allein*, zu lesen, ohne irgendeine Abschwächung [>mitigation<] <wie> jene, die sich <aus der Einführung> irgendeines positiven Terms zu irgendeinem Augenblick ergäbe. <Immerhin> ist das zweite Merkmal, dass das Spiel <dieser> Unterschiede <in jedem Augenblick> überaus eingeschränkt ist gegenüber dem, was es sein könnte.“[69]

Saussure macht Sprache zu einer Form, die unabhängig von einer bestimmten Substanz ist. Sprachlicher Sinn ist das Ergebnis von Differenzen innerhalb eines Spiels, das sich nach Außen abgrenzt gegen eine Vielzahl oder Unendlichkeit von weiteren Möglichkeiten, also gegen ein Anderes, um ein in sich geschlossenes System von Sinn bilden zu können. Die Struktur des sprachlichen Zeichens stellt ein Netz von Signifikanten dar, die auf vielfältige Art und Weise miteinander interagieren und sich wechselseitig bestimmen. Es gibt keinen außersprachlichen Grund, der das Verhältnis des Signifikats und des Signifikanten und so die Bedeutung des Zeichens festlegen würde. Die Beliebigkeit des Zeichens mag in Bezug auf ihre Möglichkeiten außerhalb eines bestimmten Systems gelten. Innerhalb eines geschlossenen Systems von Sprache aber, sind ihre Elemente nicht mehr austauschbar, dürfen nicht veränderlich sein. Daraus leitete sich die zweite These, die der Unveränderlichkeit des Zeichens, ab. Diese Unveränderlichkeit ist in der Hauptsache auf ihren internen relationalen Charakter von Sprache zu beziehen. „Die

---

68 Münker, Stefan: *Poststrukturalismus*. Stefan Münker u. Alexander Roesler (Hrsg.). Stuttgart: Metzler 2000. S. 3.

69 Fehr, Johannes: *Ferdinand de Saussure. Linguistik und Semiologie. Notizen aus dem Nachlaß Texte, Briefe und Dokumente*. Frankfurt a. Main: Suhrkamp, 1997. S. 407.

Veränderlichkeit der Zeichen“[70] ist das „Resultat des temporalen Charakters der Sprache“[71].

3.1.2 Semiologie

Saussure verweist in seiner Bestimmung der Semiologie als einer „Wissenschaft der Zeichen“[72] auf den temporalen Charakter des Zeichens. Die Frage, die hier zugrunde liegt, ist „ob die Linguistik zur Ordnung der Naturwissenschaften oder zu jener der historischen Wissenschaften gehört“[73]. Seine Antwort darauf ist folgende:

> „Sie gehört zu keiner der beiden, sondern zu einer Abteilung der Wissenschaften, <die, wenn sie nicht existiert, existieren sollte unter dem> Namen *Semiologie*, das heißt Wissenschaft der Zeichen oder Untersuchung [>étude<] dessen, was sich ereignet, wenn der Mensch versucht, sein Denken mittels einer notwendigen Konvention zu bedeuten. <Unter allen semiologischen Systemen> ist das semiologische System >Sprache< [>langue<] das einzige (mit der Schrift, <von der wir zu gegebener Zeit sprechen werden,>) das <sich dieser Prüfung zu stellen> hatte, sich der *Zeit* gegenüberzufinden“[74].

Der Linguistik, in ihrer Beschreibung der Strukturalität von Sprache und so der statischen Struktur dieses Systems, wird häufig der Vorwurf der A-historizität gemacht. Saussure trifft eine Differenzierung zwischen „synchronisch und metachronisch“[75]. Es eröffnet sich, im Hinblick auf die statischen Strukturen aber auch der Veränderlichkeit, der Temporalität der Sprache über Zeit hinweg, eine doppelte Perspektive: Eine allgemeine Wissenschaft des Zeichens, wie die Semiologie, muss, wie Saussure selbst aufweist, „Sprache zum einen im Hinblick auf die historische Genealogie ihrer Strukturen beschreiben, und sie muss zum anderen die Gesamtheit des strukturellen Beziehungsgeflechts der Sprache zu einem bestimmten Zeitpunkt analysieren“[76]. Daraus ergibt sich eine Unter-

---

[70] Münker, Stefan: *Poststrukturalismus*. Stefan Münker u. Alexander Roesler (Hrsg.). Stuttgart: Metzler 2000. S. 5.

[71] Ebenda.

[72] Fehr, Johannes: *Ferdinand de Saussure. Linguistik und Semiologie. Notizen aus dem Nachlaß Texte, Briefe und Dokumente*. Frankfurt a. Main: Suhrkamp, 1997. S. 404.

[73] Ebenda.

[74] Ebenda.

[75] Ebenda. S. 405.

[76] Münker, Stefan: *Poststrukturalismus*. Stefan Münker u. Alexander Roesler (Hrsg.). Stuttgart: Metzler 2000. S. 5.

scheidung zwischen einer diachronen und einer synchronen Betrachtung von Sprache.

Die Semiologie ist nach Saussure, die allgemeinste Wissenschaft vom Zeichen. Innerhalb ihrer gilt die Sprache als Paradigma, wie wir zuvor aber gesehen haben, soll ihr Gebiet ebenfalls eine Beschreibung der Gesetze und Strukturen dessen umfassen, was geschieht, wenn der Mensch versucht „sein Denken mittels einer notwendigen Konvention zu bedeuten“[77]. Hier ist also bereits angelegt, was im Strukturalismus geschieht: Die Grundannahmen, die hier skizziert wurden, überträgt der Strukturalismus auf andere Gebiete und nimmt an, dass alle Sinn hervorbringenden Systeme wie das der Sprache funktionieren. Die Sprache wird zwar zum Paradigma, mit der Linguistik vor allem zugunsten der gesprochenen Sprache bzw. des gesprochenen Wortes. Die Semiologie, wie sie von Saussure skizziert wird, soll allerdings den Aspekt der Allgegenwärtigkeit von Strukturen und Zeichenbildung als universelle Wissenschaft setzen und so das Feld der Konzentration auf sprachliche Strukturen auf die allgemeine Beschreibung der Denkstrukturen des Menschen übertragen.

Der Strukturalismus stellt mit einem solch methodologischen Vorgehen „ein rational nachvollziehbar und geordnetes Verfahren bereit“[78], das in seiner empirischen Ausrichtung einem Anspruch von Wissenschaftlichkeit genügt, die sich mehr und mehr an naturwissenschaftlich-objektivierenden Verfahren orientiert. Seine Konzentration auf „Form, Funktion, Struktur, Anordnung der Elemente etc.“[79] entspricht in seiner Ausrichtung dem zuvor skizzierten Wandel und der Forderung nach objektiven, nachprüfbaren Verfahren der mathematisch-naturwissenschaftlichen oder pragmatischen Art und unterstreicht die Abwendung vom klassischen wertorientierten Denken, das der „»Einfühlung« in der Hermeneutik“[80] entsprechen würde, gerade mit seinem Erfolg auch innerhalb der Literaturwissenschaft. Hier wird der Begriff *Sinn* eindeutig bestimmt. Er ist nicht mehr als ein verdeckter, hinter dem Text zu suchender gefasst, sondern wird durch eine ihm vorgängige Struktur gene-

---

77 Fehr, Johannes: *Ferdinand de Saussure. Linguistik und Semiologie. Notizen aus dem Nachlaß Texte, Briefe und Dokumente.* Frankfurt a. Main: Suhrkamp, 1997. S. 404.

78 Münker, Stefan: *Poststrukturalismus.* Stefan Münker u. Alexander Roesler (Hrsg.). Stuttgart: Metzler 2000. S. 19.

79 Ebenda.

80 Ebenda.

riert. Er ist kein Rätsel mehr, sondern kann klar durch Analyse bestimmt werden.

3.2 Poststrukturalismus

Der Poststrukturalismus ist nicht etwa eine radikale Abkehr vom Strukturalismus. Vielmehr übernimmt er einige grundlegende Annahmen, die der Strukturalismus anstellt. Einige werden außerdem weiterverfolgt und radikalisiert. Das wichtigste gemeinsame Merkmal des Strukturalismus und seiner Nachfolger ist die Konzentration auf die interne Relation von Strukturelementen, also die Unhintergehbarkeit der Struktur. Wenn Sinn sich durch sprachinterne Differenzen zusammensetzt, wird ein externer Referent ausgeschlossen. Diese Konstitution ist in ihrer Strukturalität weitgehend unabhängig vom freien Willen eines individuellen Sprechers, daraus folgt die Dezentrierung des Subjekts. Diese Dezentrierung des Subjekts, die Erkenntnis des „Subjekts als Effekt der Sprachstruktur" [81] zum Beispiel, ist eine der folgenreichen Ableitungen, die sich aus einem solchen Modell des Denkens ergibt und wird von der Dekonstruktion im Späteren aufgegriffen.

3.2.1 Poststrukturalismus aus der Kritik am Strukturalismus

Sinn ist auch bei den Poststrukturalisten immer ein Effekt der Struktur. Der Poststrukturalismus geht hier noch einen Schritt weiter als der Strukturalismus und begreift grundsätzlich erst einmal alles als Struktur. Der Übergang vom Strukturalismus zum Poststrukturalismus „lässt sich bei Barthes an der Orientierung am »Text« statt am »Werk« ablesen: Dies ist die Umorientierung von einer geschlossenen Struktur (dem Text) zu einem offenen Prozess (dem Werk)"[82]. Sinn erscheint in einem Prozess nun nicht mehr als eindeutig erfassbar oder klar zu ersehender Effekt von Differenzen: „Die Struktur, durch deren Analyse ein solcher Sinn sich wenn schon nicht eindeutig erfassen, so doch wenigstens in seiner Bewegung beschreiben lassen soll, stellt sich für Barthes nicht länger als ein geschlossenes System dar - sondern als ein grundsätzlich offener »texte générale«"[83]. Innerhalb dieses texte générale, zu dem es laut Derrida kein Außerhalb gibt, ist Sinn nicht mehr eindeutig festzulegen. Ein

---

[81] Münker, Stefan: Poststrukturalismus. Stefan Münker u. Alexander Roesler (Hrsg.). Stuttgart: Metzler 2000. S. 26.

[82] Ebenda. S. 22.

[83] Ebenda.

„**Gleiten des Sinns**"[84], eine Bewegung der Verweisung eines Signifikanten auf einen anderen und so fort, wird vielmehr zur Grundannahme des Poststrukturalismus in Abgrenzung zum Strukturalismus. Die Idee der Struktur ist also nichts, wovon sich der Poststrukturalismus abwendet - im Gegenteil, „er radikalisiert sie zunächst noch einmal: ***Alles***, so lautet die radikalisierte Version, **ist Struktur** - und ***nirgends*** hat sie ein Zentrum oder eine Grenze"[85]. Konzentrierte sich der Strukturalismus noch auf geschlossene Systeme von Sinnproduktion, so ist der Begriff der Struktur im Poststrukturalismus ungleich offener und ent-grenzt gedacht.

> „Lévis-Strauß hat das implizite Telos der strukturalistischen Methode ausgesprochen. Es geht um nicht weniger als die Aufdeckung der invarianten, immer und überall gültigen Gesetze menschlichen Denkens und Handelns schlechthin. Um diesem Anspruch gerecht werden zu können, mussten die Strukturalisten ihren Analysen die Annahme zugrunde legen, dass sie es jeweils mit geordneten Strukturen mehr oder weniger geschlossener Systeme zu tun hatten. Denn nur ein um die Ordnung seiner Struktur zentriertes, zumindest nicht prinzipiell offenes System würde es erlauben, klar definierbare Zuordnungen der einzelnen Elemente ... vorzunehmen und damit den Sinn, den die Struktur generiert... eindeutig zu identifizieren"[86].

So wird die Grundannahme bezüglich der Sinngenerierung durch Struktur noch geteilt. Dennoch ergibt sich im Poststrukturalismus wiederum eine Perspektivenverschiebung. Wenn der Poststrukturalismus nicht mehr von geschlossenen Systemen mit eindeutig zu markierenden Grenzen ausgeht, dann ist der generierte Sinn, oder der sich generierende Sinn, in seiner Potenzialität unendlich. Das Verwerfen der Konzeption eines Zentrums innerhalb dieser Systeme, führt ebenfalls zu einer Unentscheidbarkeit von Sinn, die um keinen festen Kern mehr herumstrukturiert ist. Der Strukturalismus beginnt damit, das Subjekt „als Mittelpunkt und Garant einer wahren und vollständigen Erkenntnis durch sein Konzept der Struktur"[87] zu ersetzen.

Der Poststrukturalismus hingegen verwirft die Möglichkeit jedes Erkennens und damit radikalisiert er auch die Verwerfung des Subjekts. Das Subjekt wird im Prozess einer endlosen Verweisung irrelevant. Innerhalb

---

84 Münker, Stefan: *Poststrukturalismus*. Stefan Münker u. Alexander Roesler (Hrsg.). Stuttgart: Metzler 2000. S. 26.

85 Ebenda. S. 29.

86 Ebenda. S. 30.

87 Ebenda.

des offenen Systems der Sprache, „dessen prinzipiell endlose Prozesse der Bedeutungszuschreibung ohne Relation zu definiten Fixpunkten ablaufen“[88], gibt es keine Möglichkeit der Kontrolle über den Generierungsprozess oder über die Entscheidbarkeit von Bedeutungszuschreibungen, die sich immer wieder verändern und variieren. In der Sprache sind also immer unendlich viele Differenzierungen und damit immer neue Sinnzusammenhänge möglich. Sprache ist somit ein offenes System, innerhalb dessen endlose Prozesse von Verweisungen geschehen. Literatur kann dadurch dem Poststrukturalismus als Medium gelten, das dem - durch die Betonung seiner eigenen Fiktionalität - in bewusster und illusionslosester Weise gegenübersteht.

Der Poststrukturalismus ist insofern die Kritik einer „phantastischen Metaphysik: der Metaphysik der wissenschaftlichen Weltauffassung des Strukturalismus, die davon ausgeht, dass die starren Strukturen der Sprache zugleich die des Geistes und der Materie sind, kurz: die absolute Ordnung“[89]. Dem Poststrukturalismus gilt Sinngenerierung der Sprache als uneinholbar und ist somit jeder Berechenbarkeit und Kontrolle entzogen. Struktur im Poststrukturalismus ist offen und unkontrollierbar, immer in Bewegung. Sie ist ein endloses Spiel von Differenzen. Der totalitäre Anspruch der Metaphysik, Sinnzusammenhänge in ihrer Ganzheit zu erfassen, schließt immer ein Anderes aus. Poststrukturalismus hingegen, plädiert für die Differenz, das Offene und das Unkontrollierbare des Spiels und für das Andere.

Die meisten der erläuterten Grundannahmen des Poststrukturalismus' gelten zugleich im Speziellen für den Dekonstruktivismus. Die zentralen Bezüge, die hier anhand des Poststrukturalismus' zu dem ihm zugrunde liegenden Denken skizziert wurden, werden im folgenden Kapitel durch die Auseinandersetzung mit dem französischen Philosophen Jacques Derrida, im Einzelnen erläutert.

---

88 Münker, Stefan: *Poststrukturalismus*. Stefan Münker u. Alexander Roesler (Hrsg.). Stuttgart: Metzler 2000. S. 31.

89 Ebenda.

4. Positionen literarischer Dekonstruktion

Die nachstehenden Ausführungen beziehen sich auf zwei Hauptvertreter der Dekonstruktion: Jaques Derrida und Paul de Man. Beide arbeiteten nicht nur zeitweilig gemeinsam an der Universität Yale, sondern es verband sie auch eine langjährige Freundschaft. So veröffentlichte Derrida zum Beispiel nach dem Öffentlichwerden der politischen Vergangenheit de Mans eine Schrift zu seiner Rehabilitation. Ein Einfluss seines Denkens wird in den folgenden Abschnitten in der literarischen Arbeit Paul de Mans deutlich. So bezieht sich Jacques Derrida nicht explizit auf einen Umgang mit Literatur, hat nachweislich aber einen wesentlichen Einfluss auf die dekonstruktivistische Literaturtheorie Paul de Mans gehabt.

4.1 Jacques Derrida

Jacques Derrida gilt als der Begründer und Hauptvertreter der europäischen Dekonstruktion. Er wurde am 15 Juli 1930 in El-Biar in Algerien geboren. Im Jahre 1960 begann er zunächst als Dozent für Philosophie an der Sorbonne in Paris. Im Jahre 1983 wurde er Direktor des Collège International de Philosophie, später arbeitete er auch als Gastdozent an verschiedenen amerikanischen Universitäten, unter anderem an der Yale Universität. Er starb im Jahr 2004 in Paris.

Der vorliegende Text *Sémiologie et Grammatologie* ist in der Aufsatzsammlung *Essays in Semiotics/Essais de Sémiotique* erschienen. Herausgegeben wurde die Aufsatzsammlung von Julia Kristeva und erschien im Jahre 1971. Bei dem vorliegenden Text handelt es sich um ein Gespräch Kristevas mit Jacques Derrida. Sie führt in ihrer Einleitung zum Text an, die Schriften Derridas eröffneten einen „nouvel espace de réflexion sur le signe, ses présupposes et ses procèdés, et par consèquent, sur la sémiologie ainsi que sur la science en gènéral“[90]. Der dialogische Aufbau des Textes gibt durch die Fragen Julia Kristevas zu den Hauptaspekten von Derridas Gedankenmodell, einige zentrale Fragestellungen an. Diese umfassen unter anderem das Modell des Zeichens, das Gramma als der Struktur der Nicht-Präsenz, sowie den Begriff der Struktur.

---

90 Kristeva; Julia u. Derrida, Jacques: Sémiologie et Grammatologie. *Essays in Semiotics/Essais de Sémiotique.* Julia Kristeva (Hrsg.). Paris: Mouton, 1971 S. 11.

Wenn von der Dekonstruktion im Sinne Derridas gesprochen wird, ist hiermit nicht „von einer »Methode« der Dekonstruktion, sondern von einer Praxis"[91] auszugehen. „Eine Methode wäre immer nach dem gleichen Muster anwendbar, die Dekonstruktion hingegen wird je nach Situation, Kontext und Text immer anders praktiziert"[92]. Diese „*Philosophie* der Differenz"[93], als welche das Denken Derridas auch beschrieben wird, wendet sich gegen totalisierende Denkmodelle und Theoriebildung, und kann so notwendigerweise keine einheitliche Methode zur Verfügung stellen. Bei einer solchen Arbeit mit Text kann nicht ein „Verstehen im Sinne einer Verschmelzung der Horizonte, sondern das Herausarbeiten der Unterschiede, die nicht erneut in eine Einheit zusammengenommen werden"[94] das Ziel der Lektüre sein. Derrida geht es um die „Sichtbarmachung unbewusster Voraussetzungen in den Texten der philosophischen Tradition"[95], nicht etwa einer Darlegung letztendlicher Bedeutung eines Textes. Diese werden aufgezeigt und gegeneinander ausgespielt. Derrida möchte

> „den »blinden Fleck« im Auge des Autors aufspüren ..., den Punkt, von dem aus dieser sieht und den er gerade deshalb selbst nicht sehen kann. Aus der Art der Kritik, der Sichtbarmachung unbewußter Voraussetzungen in den Texten der philosophischen Tradition, aus den wechselnden Abgrenzungen und Eingrenzungen, die hierbei stattfinden, lässt sich das Wohin herausfinden und bestimmen, das diese Arbeit ableitet"[96].

In der Hauptsache gilt seine Konzentration von daher der Dekonstruktion des traditionellen abendländischen Denkens und hier richtet er sie gerade auf das „»Verborgene« der metaphysischen Tradition"[97]. Er geht mit seinem dynamischen Denken „vor allem gegen die begrifflichen Gegensätze und binären Logiken wie etwa Frau/Mann, Natur/Kultur, Innen/Außen, die dem abendländischen Denken inhärent sind"[98] an. Solche Dualismen sieht er als die dem abendländischen Denken zugrunde-

---

91 Moebius, Stephan: *Absolute Jacques Derrida*. Stephan Moebius u. Dietmar J. Wetzel. (Hrsg.). Freiburg: Orange Press, 2005. S. 126.

92 Ebenda.

93 Kimmerle, Heinz: *Derrida zur Einführung*. Hamburg: Junius, 1992. S. 17.

94 Ebenda. S. 50.

95 Kimmerle, Heinz: *Derrida zur Einführung*. Hamburg: Junius, 1992. S. 25.

96 Ebenda.

97 Ebenda.

98 Moebius, Stephan: *Absolute Jacques Derrida*. Stephan Moebius u. Dietmar J. Wetzel. (Hrsg.). Freiburg: Orange Press, 2005. S. 126.

liegenden Schemata, auf deren Basis gedacht und wahrgenommen wird. Sie liegen Sprache, Denken und auch Kultur als unbewusst zugrunde.

Diese Art und Weise der Auseinandersetzung mit Text, lässt sich aber ebenfalls beziehen auf „eine Dekonstruktion des Theorietyps, der allgemeine Beschreibungen gibt"[99]. Ein solches Unternehmen wären die Bestrebungen des metaphysischen Denkens, reine, intelligible, unveränderliche Begriffe und Kategorien aufzustellen. Dieses dialektische Denken der Philosophie seit Platon richtet sich auf sich selbst und entwirft so einen strengen Rationalismus. In der Hauptsache beherrscht in dieser binären Logik „ein Term immer den anderen und wird gleichfalls als der bedeutsamere gedacht"[100]. Ein so strukturiertes Denken konstituiert sich auf der Basis einer Hierarchie, in der zumeist der intelligible Begriff, der als an sich präsent gedacht wird, der reine und übergeordnete Begriff, die Idee ist. Der andere Term wir dann als sekundär, als Ableitung des ersten, eigentlichen Begriffs gesetzt. Es ergibt sich ein Ursachen-Wirkungs-Verhältnis, das in einer streng hierarchischen Abhängigkeit und Ordnung besteht, in der der zweite Begriff eine Folge des anderen, vorangegangenen ist.

Die Dekonstruktion nach Derrida „versucht, diese Gegensätze und ihre Hierarchien zu verwirren und die gesamte Logik der hierarchischen Opposition zu verschieben"[101]. Gemäß dem metaphysischen Denken ist der erste Begriff der an sich präsente Begriff, aus welchem sich der andere ableitet. Wie wir anhand der Auseinandersetzung mit dem Modell des Zeichens im Folgenden sehen werden, macht die Dekonstruktion insofern eine doppelte Bewegung, als dass sie zum einen „das Innen oder das erste nicht rein präsent oder vollständig denkt"[102], sondern - zum anderen - aufzeigt, dass „dem Ersten ein Bedeutungsmangel innewohnt, der durch Elemente des Zweiten *supplementiert* bzw. ergänzt"[103] werden muss. Daraus ergibt sich nicht nur eine Ent-Hierarchisierung, sondern eine Umkehrung der Oppositionen.

---

99 Kimmerle, Heinz: *Derrida zur Einführung*. Hamburg: Junius, 1992. S. 23.

100 Moebius, Stephan: *Absolute Jacques Derrida*. Stephan Moebius u. Dietmar J. Wetzel. (Hrsg.). Freiburg: Orange Press, 2005. S. 126.

101 Moebius, Stephan: *Absolute Jacques Derrida*. Stephan Moebius u. Dietmar J. Wetzel. (Hrsg.). Freiburg: Orange Press, 2005. S. 126.

102 Ebenda. S. 127.

103 Ebenda.

Vorausgesetzt, dass die Vorrangstellung einer der beiden Terme nicht ein natürlicher sondern ein „gesellschaftlicher Herrschaftseffekt"[104] ist, wird es durch ein solches Umdenken, wie es die Dekonstruktion unternimmt möglich, eine Perspektivenverschiebung zu erreichen. Ihr Ziel liegt nicht in einer Auflösung der Gegensätze oder binären Oppositionen. Wohl aber in einem „Verschieben und Überschreiten der binären Logik selbst"[105]. Innerhalb dieser Logik der Supplementierung, die davon ausgeht, dass nicht der eine Begriff die Ableitung, sondern eine Supplementierung des anderen ist, wird das „Zugleich von Präsenz und Absenz ... als offene Möglichkeit, die unter keinem es bestimmenden Prinzip steht und die sozusagen die verschiedensten Mischungsverhältnisse zulässt"[106] gedacht. So wird ersichtlich, wie mit Derrida der Dekonstruktivismus die Möglichkeit einräumt, das gleichzeitige Denken der Differenzen zuzulassen und als notwendig aufzuweisen, da sie in notwendigen und wechselseitigen Beziehungen stehen. Denn das Präsenz- und Identitätsdenken der Metaphysik basiert nicht auf einer demokratischen Koexistenz der Terme, sondern lässt ausschließlich den einen nur in Ableitung des anderen (Anwesend/Abwesend aber nicht zugleich) gelten.

Trotz dieses erklärten Vorhabens der Überwindung der metaphysischen Implikationen und Binaritäten, ist sich Jacques Derrida gleichzeitig darüber bewusst, „dass die Tradition der europäischen Philosophie, die vom Identitätsdenken letztlich bestimmt wird, nicht so ohne weiteres verlassen, negiert oder auch nur transformiert werden kann"[107]. Sein Denken und seine Beschäftigung mit der Überwindung ist daher immer schon zu verstehen als ein sich verändernder Prozess, der sich dessen bedient, was er dekonstruiert: „Tout les gestes sont ici nécessairement équivoques. Et á supposer, ce que je ne crois pas, qu'on puisse un jour échapper SIMPLEMENT á la métaphysique, le concept de signe aura marqué dans sens á la fois un frein et un progrès („Jeder Schritt ist hier notwendigerweise zweischneidig. Und angenommen, man könnte der Metaphysik eines Tages einfach entkommen, was ich nicht glaube, so

[104] Ebenda.

[105] Ebenda.

[106] Kimmerle, Heinz: *Derrida zur Einführung*. Hamburg: Junius, 1992. S. 50.

[107] Kimmerle, Heinz: *Derrida zur Einführung*. Hamburg: Junius, 1992. S. 19.

wird der Begriff des Zeichens in diesem Sinne zugleich als hemmende und als vorantreibende Kraft gewirkt haben"[108])"[109].

Das eben beschriebene Vorgehen Derridas, lässt sich im Folgenden anhand des ausgewählten Textes näher erläutern. Der erste Fragenkomplex des Aufsatzes bezieht sich auf Derridas Auseinandersetzung mit Saussure, seinem Zeichenmodell und dessen metaphysischen Implikationen.

4.1.1 Das dekonstruktivistische Vorgehen am Beispiel des Zeichens

Derrida zeigt in seiner Auseinandersetzung „*mit* Saussure *gegen* Saussure"[110] auf, dass Saussures Modell des Zeichens einer doppelten Bewegung unterworfen ist und sich Saussure damit „en contradiction avec le motif critique (im Widerspruch zu den kritischen Grundfragen)"[111] befindet. Diese Untersuchung wird hier auch genutzt, um eine Darstellung dessen zu skizzieren, was der Dekonstruktivismus in seinem Umgang mit Text vornimmt. Eine Beschreibung dessen, was das dekonstruktivistische Denken zur Aufgabe oder gerade nicht zur Aufgabe hat, gibt Derrida selbst, hier in Bezug auf die tradierten Begrifflichkeiten der Metaphysik:

> „Nous avons pas à mettre ces concepts au rebut et nous n'avons d'ailleurs pas les moyens de le faire. Il faut sans doute, à l'intérieur de la sémiologie, transformer les concepts, les déplacer, les retourner contre leurs présuppositions, les ré-inscrire dans d'autre chaînes, modifier peu à peu le terrain da travail et produire ainsi de nouvelles configurations ; je ne crois pas à la rupture décisive, a l'unicité d'une « coupure épistémologique », comme on le dit souvent aujourd'hui. Les coupures se ré-inscrivent toujours, fatalement, dans un tissu ancien qu'il faut continuer à défaire, interminablement („Es ist nicht unsere Aufgabe, diese Begriffe zu verwerfen und wir haben im übrigen auch nicht die Mittel dazu. Zweifellos muß man sie im Rahmen der Semiologie selbst verändern, verschieben, sie gegen ihre Voraussetzungen ausspielen, sie in andere Ketten neu einschreiben und nach und nach das Arbeitsgebiet umgestalten, um auf diese Weise neue Konfigurationen zu erzeugen ; ich glaube nicht an den entscheidenden Bruch,

---

108 Kristeva, Julia, Derrida, Jacques: Semiologie und Grammatologie. *Postmoderne und Dekonstruktion. Texte französischer Philosophen der Gegenwart.* Stuttgart: Reclam, 1990. S. 140.

109 Kristeva; Julia u. Derrida, Jacques: Sémiologie et Grammatologie. *Essays in Semiotics/Essais de Sémiotique.* Julia Kristeva (Hrsg.). Paris: Mouton, 1971. S. 11 f.

110 Münker, Stefan: *Poststrukturalismus.* Stefan Münker u. Alexander Roesler (Hrsg.). Stuttgart: Metzler 2000. S. 40.

111 Kristeva; Julia u. Derrida, Jacques: Sémiologie et Grammatologie. *Essays in Semiotics/Essais de Sémiotique.* Julia Kristeva (Hrsg.). Paris: Mouton, 1971. S. 15.

an die Einmaligkeit eines »epistemologischen Einschnitts«, von dem heutzutage oft die Rede ist. Die Einschnitte geraten fatalerweise immer wieder in ein altes Gewebe, das man endlos weiter zerstören muß"[112]) [113].

4.1.2 Das Modell des Zeichens

Derrida weist zunächst nach, wie Saussure das Zeichen der metaphysischen Tradition, in die er es eingeschrieben sieht, entnimmt, indem er aufzeigt, dass „le signifié était insèperable du signifiant, que le signifié et le signifiant sont les deux faces d'une seule et même production („das Signifikat untrennbar mit dem Signifikanten verbunden ist , daß Signifikat und Signifikant die zwei Seiten ein und derselben Sache sind"[114].)"[115]. Was einer solchen Konzeption des Zeichens zugrunde liegt, ist eher eine Demokratisierung der beiden Terme oder Seiten. Diese Konzeption basiert aber nicht mehr auf einem streng hierarchischen Ordnungs-Denken, wie es der Metaphysik eigen ist. So weist Saussure selbst auch den Vergleich zurück, dass die Binarität von Signifikat und Signifikant mit dem Leib-Seele Dualismus der descartschen Art verwandt oder gleichzusetzen sei. Den Begriff des Zeichens selbst sieht Derrida als „de part en part métaphysique, systématiquement solidaire des théologies stoïcienne et médiévale („durch und durch metaphysisch und auf systematische Weise mit den stoischen und mittelalterlichen Theologien engstens verwandt"[116])"[117]. Allerdings sagt er weiterhin, dass der Begriff des Zeichens selbst ein wichtiges Werkzeug der Kritik seiner eigenen metaphysischen Zugehörigkeit ist:

> „le travail et le déplacement auxquel il a été soumis... ont eu des effets DELIMITANTS: ils ont permis de critiquer l'appartenance métaphysique du concept de signe, à la fois de MARQUER et de DESSERRER les limites du systeme dans lequel ce concept est ne et a commence a servir, del'arracher

---

112 Kristeva, Julia, Derrida, Jacques: Semiologie und Grammatologie. *Postmoderne und Dekonstruktion. Texte französischer Philosophen der Gegenwart.* Stuttgart: Reclam, 1990. S. 148.

113 Ebenda. S. 17.

114 Kristeva, Julia, Derrida, Jacques: Semiologie und Grammatologie. *Postmoderne und Dekonstruktion. Texte französischer Philosophen der Gegenwart.* Stuttgart: Reclam, 1990. S. 141.

115 Kristeva; Julia u. Derrida, Jacques: Sémiologie et Grammatologie. *Essays in Semiotics/Essais de Sémiotique.* Julia Kristeva (Hrsg.). Paris: Mouton, 1971. S. 12.

116 Kristeva, Julia, Derrida, Jacques: Semiologie und Grammatologie. *Postmoderne und Dekonstruktion. Texte französischer Philosophen der Gegenwart.* Stuttgart: Reclam, 1990. S. 141.

117 Kristeva; Julia u. Derrida, Jacques: Sémiologie et Grammatologie. *Essays in Semiotics/Essais de Sémiotique.* Julia Kristeva (Hrsg.). Paris: Mouton, 1971. S. 12.

ainsi, jusqu'a un certain point, a son propre terreau („die Verarbeitung und die Verschiebungen, denen er unterworfen .... war, haben entgrenzende Wirkungen gehabt : Sie haben die die Kritik an der metaphysischen Zugehörigkeit des Zeichenbegriffs ermöglicht, haben es erlaubt, die Grenzen, in denen dieser Begriff entstanden ist und zu wirken beognnen hat, gleicherweise zu *markieren* und zu *lockern,* um ihn somit bis zu einem gewissen Grad seinem angestammten Boden zu entreißen"[118]) "[119].

Schon hier lässt sich die Zweischneidigkeit des Begriffs und des Modells ersehen. Der Begriff selbst wird als Werkzeug gedacht, mit dessen Hilfe er sich gegen seine eigenen unbewussten Grundvoraussetzungen wendet, sie lockert und verschiebt, ihnen aber auch immer noch verhaftet bleibt. Es wird weiterhin deutlich, wie Derrida vorgeht: Mit dem Text, in diesem Fall von Saussure, bzw. mit dem vorhandenen Theoriemodell, und dessen bewusst getroffener Aussage, richtet er seine Aufmerksamkeit auf dessen zugrundeliegenden Voraussetzungen, die immer unbewusst übernommene sind, und spielt die sich hier ergebenden Widersprüchlichkeiten gegeneinander aus. Dieses Vorgehen wird genutzt, um durch die beschriebene Bewegung den Text, in diesem Fall das Modell des Zeichens, aus den traditionellen Implikationen herauszulösen oder deren Grenzen zu markieren und zu verschieben. Der Begriff des Zeichens wird also zum einen aus der strengen Hierarchie entnommen und trägt, wie beschrieben zugleich dazu bei, die strengen Grenzen metaphysischen Denkens, in das er eingeschrieben ist, zu lockern.

Allerdings, und hiermit befindet sich Saussure in einem Widerspruch zu seinen eigenen Grundfragen, entscheidet er sich dafür, den Begriff des Zeichens nach wie vor zu benutzen. Der alltagssprachliche Begriff *Zeichen* weist nach Derrida aber alle Implikationen und Grundmodelle metaphysischen Denkens auf, die so mit übernommen werden. Also liegt hier eine doppelte Bewegung vor. Durch die Trennung von *„signans"*[120] und *„signatum"*[121] bleibt die „possibilité de penser un CONCEPT SIGNIFIÉ EN LUI-MÊME, dans sa présence simple à la pensée, dans son indépendance par rapport à la langue, cest-à-dire par rapport à un système de signifiants („Möglichkeit offen, einen *Begriff* zu denken, der *in sich*

118 Kristeva, Julia, Derrida, Jacques: Semiologie und Grammatologie. *Postmoderne und Dekonstruktion. Texte französischer Philosophen der Gegenwart.* Stuttgart: Reclam, 1990. S. 141.

119 Kristeva; Julia u. Derrida, Jacques: Sémiologie et Grammatologie. *Essays in Semiotics/Essais de Sémiotique.* Julia Kristeva (Hrsg.). Paris: Mouton, 1971. S. 12.

120 Kristeva; Julia u. Derrida, Jacques: Sémiologie et Grammatologie. *Essays in Semiotics/Essais de Sémiotique.* Julia Kristeva (Hrsg.). Paris: Mouton, 1971. S. 13.

121 Ebenda.

selbst Signifikat ist, und zwar aufgrund seiner Unabhängigkeit gegenüber der Sprache, das heißt gegenüber einem Signifikantensystem"[122])"[123] offen. Es ist daher nach wie vor die Möglichkeit gegeben, ein „'signifié transcendantal'"[124], einen reinen Begriff zu denken, der dem Signifkanten vorausgeht. Ein solches transzendentales Signifikat „qui ne renverrait en lui-même, dans son essence, à aucun signifiant, excéderait la chaîne des signes, et ne fonctionerrait plus lui-même, à un certain moment, comme signifiant („das von seinem Wesen her nicht auf einen Signifikanten verweist, sondern über die Signifikantenkette hinausgeht, und das von einem bestimmten Zeitpunkt an nicht mehr die Funktion eines Signifikanten hat"[125])"[126], lässt es zu, ein Signifikat zu denken, das unabhängig von einer Sprache, unabhängig von einem Signifikantensystem, ist und lediglich auf seine eigene gedankliche Präsenz verweist.

Derrida bezweifelt nun aber die Möglichkeit eines solchen transzendentalen Signifikats:

> „A partir du moment, au contraire, où l'on met en question la possibilité d'un tel signifié transcendental et où l'on reconnaît que tout signifié est aussi en position de signifiant, la distinction entre signifié et signifiant - le signe - deviant problématique á sa racine („Ab dem Augenblick dagegen, wo man die Möglichkeit eines solchen transzendentalen Signifikats in Frage stellt und wo man erkennt, dass jedes Signifikat auch die Rolle eines Signifikanten spielt, wird die Trennung von Signifikat und Signifikant - das Zeichen - von seiner Wurzel ihrer problematisch"[127])"[128].

Er beginnt hier, die so doch als hierarchisch aufgewiesene Dualität des Zeichens, im Gegensatz zu Saussures anfänglich beschriebenen Unternehmungen, aus ihrer inhärenten Folge Signifikat (als präsenter primä-

---

122 Kristeva, Julia, Derrida, Jacques: Semiologie und Grammatologie. *Postmoderne und Dekonstruktion. Texte französischer Philosophen der Gegenwart.* Stuttgart: Reclam, 1990. S. 142 f.

123 Kristeva; Julia u. Derrida, Jacques: Sémiologie et Grammatologie. *Essays in Semiotics/Essais de Sémiotique.* Julia Kristeva (Hrsg.). Paris: Mouton, 1971. S. 13.

124 Ebenda. S. 14

125 Kristeva, Julia, Derrida, Jacques: Semiologie und Grammatologie. *Postmoderne und Dekonstruktion. Texte französischer Philosophen der Gegenwart.* Stuttgart: Reclam, 1990. S. 143.

126 Kristeva; Julia u. Derrida, Jacques: Sémiologie et Grammatologie. *Essays in Semiotics/Essais de Sémiotique.* Julia Kristeva (Hrsg.). Paris: Mouton, 1971. S. 14.

127 Kristeva, Julia, Derrida, Jacques: Semiologie und Grammatologie. *Postmoderne und Dekonstruktion. Texte französischer Philosophen der Gegenwart.* Stuttgart: Reclam, 1990. S. 143.

128 Kristeva; Julia u. Derrida, Jacques: Sémiologie et Grammatologie. *Essays in Semiotics/Essais de Sémiotique.* Julia Kristeva (Hrsg.). Paris: Mouton, 1971. S. 14.

rer Begriff) und Signifikant (sekundär und abgeleitet) in ihrer Oppositionalität zu verwirren, indem er zeigt, dass jedes Signifikat auch die Rolle eines Signifikanten spielt. Der Vorgang ist nicht nur eine Verwirrung dieser Opposition, sondern eine Überwindung der Dualität des Zeichens. Er muss nun folgendermaßen von Statten gehen:

> „elle doit passer par la déconstruction difficile de toute l'histoire de la métaphysique qui a impose et ne cessera jamais d'imposer á toute la science sémiologique cette requête fondamentale d'un 'signifié transcendental' et d'un concept indépendant de la language; cette requête n'est pas imposée de l'extérieur par quelque chose comme 'la philosophie', mais par tout ce qui lie notre language, notre culture, notre 'système de pensée' á l'histoire et au système de la métaphysique („er muss die schwierige Dekonstruktion der gesamten Geschichte der Metaphysik durchlaufen, die der semiologischen Wissenschaft von jeher den Rückgriff auf ein transzendentales Signifikat und auf einen unabhängigen Sprachbegriff aufgezwungen hat und auch weiterhin aufzwingen wird; dieser Rückgriff wird nicht von außen durch so etwas wie 'die Philosophie' vorgeschrieben, sondern ergibt sich aus all dem, was unsere Sprache unsere Kultur und unser 'Denksystem' mit der Geschichte der Metaphysik verbindet"[129])"[130].

Die gesamte Tradition der abendländischen Metaphysik findet sich genau in diesem Rückgriff auf ein transzendentales Signifikat wieder, das heißt, im Rückgriff auf eine von ihrem Sprachbegriff oder ihrem Ausdruck unabhängige Idee. Diese Tradition müsste laut Derrida demnach dekonstruiert werden. Die Dekonstruktion wird hier beschrieben als ein Prozess, der in diesem Falle die Geschichte der Metaphysik mit dem Ziel durchlaufen muss, die Semiologie von der Notwendigkeit eines Rückgriffes auf ein transzendentales Signifikat zu befreien, dem sie aufgrund der traditionellen Metaphysik noch verpflichtet ist.

Der Rückgriff selbst wird nicht von der Philosophie vorgeschrieben, sondern ergibt sich aus den Implikationen die schon immer in unserer Sprache, Kultur und so in unserem Denken vorliegen.

Aber auch nicht auf allen Ebenen sieht Derrida die Möglichkeit einer Gleichsetzung von Signifikat und Signifikant. Er führt hier das Beispiel der Übersetzung an. Übersetzung, so beschreibt er, macht sich den

---

129 Kristeva, Julia, Derrida, Jacques: Semiologie und Grammatologie. *Postmoderne Dekonstruktion. Texte französischer Philosophen der Gegenwart.* Stuttgart: Reclam, 1990. S. 143.

130 Kristeva; Julia u. Derrida, Jacques: Sémiologie et Grammatologie. *Essays in Semiotics/Essais de Sémiotique.* Julia Kristeva (Hrsg.). Paris: Mouton, 1971. S. 14.

Rückgriff auf eine sprachunabhängige Idee zunutze. Derrida schlägt hierfür allerdings eine neue Begrifflichkeit vor:

> „Dans le limites où elle est possible, où du moins elle PARAÎT possible, la traduction pratique la différence entre signifié et signifiant. Mais si cette différence n'est jamais pure, la traduction ne l'est pas advantage est, á la notion de traduction, il faudra substituer une notion de TRANSFORMATION: transformation réglée d'une langue par une autre, d'un texte par un autre („Innerhalb der Grenzen ihrer Möglichkeit oder ihrer *scheinbaren* Möglichkeit praktiziert die Übersetzung die Unterscheidung zwischen Signifikant und Signifikat. Aber wenn diese Unterscheidung niemals klar ist, dann ist es die Übersetzung genausowenig, und man wird daher den Begriff durch den der *Transformation* ersetzen müssen: geregelte Transformation einer Sprache mittels einer anderen, eines Textes mittels eines anderen"[131])"[132].

Wenn, wie zuvor beschrieben, die Überwindung des binären oder oppositionellen Denkens selbst, eine Aufgabe ist, die die Dekonstruktion erreichen möchte, so ist die Gleichung, die Derrida zwischen Signifikat und Signifikant aufmacht, ein wesentlicher Schritt in diese Richtung. Wie ebenfalls bereits ausgeführt, ist sich Derrida sehr wohl darüber im Klaren, dass dies ein Vorgang ist, „qu'il faut pratiquer avec prudence car (den man mit Vorsicht handhaben muss)"[133]. Es ist aber eben der Vorgang selbst, worauf die doppelte Gebärde der Dekonstruktion hinzielt.

Das Gleichsetzen von Signifikat und Signifikant in einigen Bereichen, jedoch auch nicht in allen, ist ein wichtiger Aspekt zum Verständnis der dekonstruktiven Bewegung: Dies macht es nun möglich, dass nicht mehr die Rede sein kann, von einem Auffinden eindeutigen Sinns in Texten oder Sprache. Ebenso verschwindet hier eine Art ‚doppelten Bodens', von dem aus der Sinn traditionell als verborgener gedacht wird, den es hinter den Erscheinungen zu suchen und aufzuspüren gilt. Zwar wird dadurch - wie im Beispiel der Übersetzung - nicht eine Unmöglichkeit der Verständlichkeit/Verständigung postuliert, aber ein Prozess aufgewiesen, der in seinen unendlichen Verweisungsmöglichkeiten über kein Zentrum verfügt, auf welches man sich als auf den eigentlichen Begriff, die eigentliche Idee, beziehen könnte. „Die Dekonstruktionen gehören

---

131 Kristeva, Julia, Derrida, Jacques: Semiologie und Grammatologie. *Postmoderne und Dekonstruktion. Texte französischer Philosophen der Gegenwart.* Stuttgart: Reclam, 1990. S. 144.

132 Kristeva; Julia u. Derrida, Jacques: Sémiologie et Grammatologie. *Essays in Semiotics/Essais de Sémiotique.* Julia Kristeva (Hrsg.). Paris: Mouton, 1971. S. 14.

133 Kristeva; Julia u. Derrida, Jacques: Sémiologie et Grammatologie. *Essays in Semiotics/Essais de Sémiotique.* Julia Kristeva (Hrsg.). Paris: Mouton, 1971. S. 14.

mit zu der Bewegung, die sie selbst konstituieren. Es gibt keinen festen Bezugspunkt außerhalb ihrer"[134]. Wenn wir also davon ausgehen, dass Derridas Denken in einer Dynamik der Verweisungen besteht, so kann es kaum einen Punkt geben, sei es ein transzendentales Signifikat oder ein anders geartetes Zentrum, weder innerhalb noch außerhalb dieser Bewegung, die sich eben durch ihre Bewegung konstituiert. Das heißt mit anderen Worten, dass die Möglichkeit eines Signifikats als Signifikant ein dualistisches System hinfällig macht und so den weitaus größeren Spielraum eröffnet, der zuvor als texte générale bezeichnet wurde. Denn, der Wegfall von Grenzen sowie eines Zentrums, macht einen Abgleich eines Signifikanten mit seinem Signifikat irrelevant. Es ist nunmehr nur noch möglich, dass ein Signifikant auf einen anderen Signifikanten verweist und so fort.

4.1.3 Semiologie und Logozentrismus

Saussure führt, wie bereits im Kapitel zuvor aufgezeigt, die Linguistik als ein einfaches Teilgebiet der Semiologie an. Er entsubstanzialisiert den Inhalt und die Ausrucksubstanz dadurch, dass er aufzeigt, dass der Signifikant nicht notwendigerweise ein lautliches Zeichen darstellen muss. Vielmehr steht hier der „caractères DIFFÉRENTIEL et FORMEL du fonctionement sémiologique (differentielle und formelle Charakter der semiologischen Funktionsweise)"[135] im Vordergrund. Er bezieht sich also auf die formalen Funktionsweisen eines solchen Systems wie der Sprache, ungeachtet einer ihr zugrunde liegenden Substanz, die mit dieser Funktion untrennbar und notwendigerweise verbunden wäre. Dies sind zwei Aspekte, die, laut Derrida, geholfen haben, den Begriff des Zeichens aus der Tradition zu entnehmen.

Andererseits jedoch, privilegiert Saussure das gesprochene Wort, die *phone*, dies, zuungunsten der Schrift: „Bien qu'il ait reconnu la nécessité de mettre entre parenthèses la substance phonique ..., Saussure a dû, pour des raisons essentielles et essentiellement métaphysiques, privilégier la parole, tout ce qui lie le signe à la phonè („Obwohl er die Notwendigkeit erkannt hatte, die phonische Substanz in Klammern zu setzen ... musste Saussure, aus wesentlichen und wesentlich metaphysischen Gründen das gesprochene Wort und alles, was das Zeichen mit

134 Kimmerle, Heinz: *Derrida zur Einführung*. Hamburg: Junius, 1992. S. 25.

135 Kristeva; Julia u. Derrida, Jacques: Sémiologie et Grammatologie. *Essays in Semiotics/Essais de Sémiotique*. Julia Kristeva (Hrsg.). Paris: Mouton, 1971. S. 12.

der *phone* verbindet, privilegieren"[136])"[137]. Hier wird eine enge Verbindung gemacht zwischen Laut und Sinn, zwischen Stimme und Gedanken.

> „La *phonè* est en effet la substance signifiante qui SE DONNE À LA CONSCIENCE comme le plus intimement unie à la pensée du concept signifié. La voix est, de ce point de vue, la conscience elle-même. Quand je parle, non seulement j'ai conscience d'être présent à ce que je pense mais aussi de garder au plus proche de ma pensée ou du 'concept' („Die *phone* ist in der Tat die bezeichnende Substanz, die sich dem Bewußtsein gegenüber als enge Verbündete der Vorstellung vom bezeichneten Begriff *ausgibt* und von diesem Gesichtspunkt aus ist die Stimme das Bewusstsein selbst. Wenn ich spreche, habe ich nicht nur das Bewusstsein, bei dem zu sein, was ich denke, sondern auch, jeglichen Signifikanten meinem Denken oder dem 'Begriff' maximal anzunähern"[138])"[139].

Dieses sieht Derrida als einen Schritt, der der Tradition nach wie vor verhaftet bleibt.

Daraus folgt zum einen, dass die Linguistik der Hauptvertreter der Semiologie sein müsste. Derrida weist allerdings darauf hin, dass es der Linguistik lediglich zustünde, ein Teilgebiet der allgemeinen Semiologie zu sein. Auch hier weist er Saussure einen Widerspruch zu seinen eigenen Grundfragen nach, so dass er sagt, dass das Signifikat sich im Sprechen als seine eigene Präsenz zu zeigen scheint ohne auf etwas anderes zu verweisen. Der äußere Charakter des Signifikanten scheint hierbei vermindert zu sein, was Derrida allerdings zugleich als Illusion aufdeckt.

Gleichzeitig hatte Saussure angegeben, dass das Wesentliche der Sprache die *langue* sei, also die grundlegende Fähigkeit, eine Sprache zu sprechen, „c'est-à-dire la possibilité du CODE et de L'ARTICULATION indépendamment de la substance, de la substance phonique („also eine von der Substanz, zum Beispiel der phonischen Substanz, unabhängige

---

136 Kristeva, Julia, Derrida, Jacques: Semiologie und Grammatologie. *Postmoderne und Dekonstruktion. Texte französischer Philosophen der Gegenwart.* Stuttgart: Reclam, 1990. S 144.

137 Kristeva; Julia u. Derrida, Jacques: Sémiologie et Grammatologie. *Essays in Semiotics/Essais de Sémiotique.* Julia Kristeva (Hrsg.). Paris: Mouton, 1971. S. 14 f.

138 Kristeva, Julia, Derrida, Jacques: Semiologie und Grammatologie. *Postmoderne und Dekonstruktion. Texte französischer Philosophen der Gegenwart.* Stuttgart: Reclam, 1990. S. 145.

139 Kristeva; Julia u. Derrida, Jacques: Sémiologie et Grammatologie. *Essays in Semiotics/Essais de Sémiotique.* Julia Kristeva (Hrsg.). Paris: Mouton, 1971. S. 15.

Möglichkeit des *Codes* und der *Artikulation*"[140].)"[141]. Derrida sieht hierin den Schritt zu einer Teleologie: „Le thème de l'arbitaire est ainsi détourné des voies de sa fécondité (la formalisation) vers une téléologie hiérearchisante („Das Motiv der Beliebigkeit wird auf diese Weise von einem erfolgversprechenden Weg (der Formalisierung) abgelenkt und einer hierarchisierenden Teleologie zugeordnet"[142])"[143]. Das Teleologische besteht nun darin, dass - wenn die *phone* bevorzugt wird - eine Gruppe von Zeichen ebenfalls, in diesem Fall die gesprochene Sprache gegenüber anderen Zeichen wie der Schrift, bevorzugt werden müsste, weil sie der Semiologie als die adäquateren Zeichen gelten müsste.

4.1.4 Grammatologie

Derrida macht hier die Gleichung zwischen dem Zurückdrängen der Schrift als Äußerlichkeit des Signifikanten mit der Privilegierung des Phonologismus und dem Logozentrismus der Metaphysik auf. Er zeigt, wie die Schrift von Saussure aber auch Platon, Hegel und Husserl aus dem Bereich der Linguistik als eine unangemessene sogar gefährliche Repräsentation, die in ihrer Äußerlichkeit verstellend und verzerrend wirkt, ausgeschlossen wurde. Sie wird traditionell als eine gefährliche Repräsentation gedacht, die dem was sie - in der Philosophie also der Erkenntnis und der Wahrheit - abbilden soll, entstellend gegenüber bzw. ihr im Weg steht.

Gerade für die Philosophie scheint es

> „charakteristisch, daß sie hofft, Probleme zu lösen, zu zeigen, wie die Dinge sind, oft Schwierigkeiten zu entwirren und so dem Schreiben über ein Thema ein Ende zu setzen, indem sie es richtig erfasst. ... Die Voraussetzung jeder wissenschaftlichen Disziplin ist die Möglichkeit, Probleme zu lösen, die Wahrheit zu finden und so über ein Thema das letzte Wort zu

---

140 Kristeva, Julia, Derrida, Jacques: Semiologie und Grammatologie. *Postmoderne und Dekonstruktion. Texte französischer Philosophen der Gegenwart.* Stuttgart: Reclam, 1990. S.145.

141 Kristeva; Julia u. Derrida, Jacques: Sémiologie et Grammatologie. *Essays in Semiotics/Essais de Sémiotique.* Julia Kristeva (Hrsg.). Paris: Mouton, 1971. S. 15.

142 Kristeva, Julia, Derrida, Jacques: Semiologie und Grammatologie. *Postmoderne und Dekonstruktion. Texte französischer Philosophen der Gegenwart.* Stuttgart: Reclam, 1990.S. 144.

143 Kristeva; Julia u. Derrida, Jacques: Sémiologie et Grammatologie. *Essays in Semiotics/Essais de Sémiotique.* Julia Kristeva (Hrsg.). Paris: Mouton, 1971. S. 15.

schreiben. Jede Disziplin versteht sich als eine Untersuchung, durch die das Schreiben an sein Ende gebracht werden könnte"[144].

Das Problem der Philosophie ist also, dass sie das, was sie über den Umweg der Schrift ausdrücken muss, immer durch diese verstellt sieht. „Der philosophische Diskurs definiert sich als Gegensatz zur Schrift, um versichern zu können, dass seine Aussagen durch Logik, Vernunft und Wahrheit und nicht durch die Rhetorik der Sprache, in der sie ausgedrückt werden, strukturiert werden"[145]. Bereits das Sprechen stellt hier eines der notwendigen „Vermittlungssysteme"[146] dar. Es wird aber als direkteres, nicht nur wegen der eben beschriebenen Verbindung zwischen Bewusstsein und Wort, gedacht, „denn der Sprecher kann jede eventuelle Ambiguität erläutern"[147]. Was die Schrift gegenüber dem gesprochenen Wort traditionell problematisiert ist sodann der Umstand, dass sich in ihr „die Sprache als eine Serie materieller Markierungen dar(stellt), die in Abwesenheit des Sprechers noch ihre Funktion erfüllen. Diese können ausgesprochen zweideutig oder in kunstvollen rhetorischen Strukturen organisiert sein"[148].

Diese repräsentativistische Konzeption der Sprache bezieht Derrida im vorliegenden Text auf die phonetisch-alphabetische Schrift, die davon ausgeht, dass Schrift Sprache darstellen soll. Derrida erklärt aber, „qu'il n'y pas d'écriture purement phonétique et que le phonologisme est moins la conséquence da la pratique de l'alphabet dans une culture que d'une certaine représentation, d'une EXPÉRIENCE éthique ou axiologique de cette pratique („dass es keine rein phonetische Schreibweise gibt und dass der Phonologismus weniger die Folge des Gebrauchs des Alphabets in einer Kultur als die einer bestimmten ethischen und axiologischen *Erfahrung* dieses Gebrauchs ist"[149])"[150]. Eine phonologistische und logozentrische Logik wird demnach dann fragwürdig, wenn man sich

---

144 Culler, Jonathan: *Dekonstruktion. Derrida und die poststrukturalistische Literaturtheorie.* Reinbek b. Hamburg: Rowohlt Taschenbuch Verlag GmbH, 1988. S. 100.

145 Ebenda. S. 101

146 Ebenda.

147 Ebenda.

148 Culler, Jonathan: *Dekonstruktion. Derrida und die poststrukturalistische Literaturtheorie.* Reinbek b. Hamburg: Rowohlt Taschenbuch Verlag GmbH, 1988. S. 101.

149 Kristeva, Julia, Derrida, Jacques: Semiologie und Grammatologie. *Postmoderne und Dekonstruktion. Texte französischer Philosophen der Gegenwart.* Stuttgart: Reclam, 1990. S. 149.

150 Kristeva; Julia u. Derrida, Jacques: Sémiologie et Grammatologie. *Essays in Semiotics/Essais de Sémiotique.* Julia Kristeva (Hrsg.). Paris: Mouton, 1971. S. 18.

nicht mehr auf die Schrift als phonetische Schreibweise konzentriert bzw. gerade dieses Modell selbst in Zweifel gezogen werden kann. Das Aufweisen der Schrift, wie Derrida es tut, als nicht sekundäres repräsentativistisches Festhalten oder Ausdrücken von gesprochener Sprache, sondern vielmehr als die Erfahrung des Gebrauchs vermittelnder Systeme, lässt ein Konzept von Schrift als „ein künstliches Substitut der Rede"[151] nicht mehr zu. Derrida sieht das Konzept des Phonozentrismus aufs engste verbunden mit dem logozentrischen Denken der Metaphysik, „der Ausrichtung der Philosophie auf eine Ordnung des Sinns - Denken, Wahrheit, Vernunft, Logik, das Wort -, die als in sich selbst existierend, als Basis aufgefasst wird"[152]. Auch hier liegt eine Art Aufhebung oppositionell-hierarchisierenden Denkens, die die Schrift der gesprochenen Rede gleichrangig macht.

Derrida betont noch einmal, dass das Prinzip der Differenz, das auch auf Saussure zurückgeht, keinerlei Bevorzugung der einen Substanz - sei sie räumlich wie das Graphische oder zeitlich wie das Phonische - gegenüber einer anderen Substanz verlangt:

> „Ce principe nous dicte non seulement de ne pas privilígér une substance - ici la substance phonique, dite temporelle - en en excluant une autre - par exemple la substance graphique, dite spatiale - mais même de considérer tout procés de signification comme un jeu formel de différences („Dieses Prinzip verlangt von uns nicht allein, dass wir keine bestimmte Substanz - in diesem Fall die phonische, als zeitlich bezeichnete Substanz - privilegieren dürfen, wodurch wir eine andere - zum Beispiel die graphische, als räumlich bezeichnete Substanz - ausschließen würden, sondern dass wir jeden Bezeichnungsvorgang als ein formales Spiel von Differenzen anzusehen haben"[153])"[154].

Jeder traditionelle Begriff und jede Wissenschaft der Schrift, oder der Zeichen, wie die der Semiologie, übernimmt aber mit dem Begriff der Schrift auch die eben skizzierten Implikationen und Voraussetzungen.

> „Bien entendu, il ne s'agit pas de recourir au même concept d'écriture et de renverser simplement la dissymétrie qu'on a mise en question. Il s'agit

---

151 Culler, Jonathan: *Dekonstruktion. Derrida und die poststrukturalistische Literaturtheorie.* Reinbek b. Hamburg: Rowohlt Taschenbuch Verlag GmbH, 1988. S. 102.

152 Ebenda.

153 Kristeva, Julia, Derrida, Jacques: Semiologie und Grammatologie. *Postmoderne und Dekonstruktion. Texte französischer Philosophen der Gegenwart.* Stuttgart: Reclam, 1990. S. 150.

154 Kristeva; Julia u. Derrida, Jacques: Sémiologie et Grammatologie. *Essays in Semiotics/Essais de Sémiotique.* Julia Kristeva (Hrsg.). Paris: Mouton, 1971. S. 18.

> de produire un nouveau concept d'écritur. On peut l'appeler GRAMME ou DIFFÉRANCE („Natürlich kann man nicht auf denselben Begriff der Schrift zurückgreifen und die Dissymmetrie, die man in Frage gestellt hatte, einfach umkehren. Es geht vielmehr darum, einen neuen Schriftbegriff zu schaffen. Man kann ihn *gramma* oder *différance* nennen"[155])"[156].

Derrida setzt das Gramma als den allgemeinsten Begriff der Semiologie. Diese wird so zur Grammatologie. „La grammatologie doit déconstruire tout ce qui lie le concept et les normes de la scientificité à l'onto-théologie, au logocentrisme, au phonologisme („Die Grammatologie muß alles, was den Begriff und die Normen der Wissenschaftlichkeit mit der Ontotheologie, mit dem Logozentrismus und dem Phonologismus verbindet, dekonstruieren"[157])"[158]. Das sieht Jacques Derrida als die Aufgabe einer grammatologischen Praxis. Der Begriff wird nötig, um die Schrift aus ihrem mit den vorgenannten Implikationen behafteten Bezugssystem heraus zulösen. Das Gramma entspricht nun nicht nur dem Bereich der Semiologie sondern auch der Linguistik. Sein Vorteil besteht laut Derrida darin,

> „qu'il neutralise au principe la propension phonologiste du 'signe' et L'ÉQUILIBRE EN FAIT par la libération de tout le champ scientifique de la 'substance graphique' (histoire et système des écritures au-delà de l'aire occidentale) dont l'intérêt n'est pas moindre et qu'on a laissé jusqu'ici dans l'ombre ou dans l'indignité.
>
> Le gramme comme différance, c'est alors une structure et un mouvement qui ne se laissent plus penser à partir de l'opposition présence/absence („daß er im Prinzip die phonologische Neigung des 'Zeichens' neutralisiert und sie *faktisch* dadurch *ausgleicht*, dass er das ganze wissenschaftliche Feld der 'graphischen Substanz' (Geschichte und System der Schriften jenseits des abendländischen Raumes) freisetzt; ein Feld das nicht minder von Belang ist, das man aber bisher im Schatten gelassen und kaum gewürdigt hat. Das Gramma als *différance* ist demnach eine Struktur oder ei-

---

155 Kristeva, Julia, Derrida, Jacques: Semiologie und Grammatologie. *Postmoderne und Dekonstruktion. Textefranzösischer Philosophen der Gegenwart*. Stuttgart: Reclam, 1990. S. 150.

156 Kristeva; Julia u. Derrida, Jacques: Sémiologie et Grammatologie. *Essays in Semiotics/Essais de Sémiotique.* Julia Kristeva (Hrsg.). Paris: Mouton, 1971. S. 18 f.

157 Kristeva, Julia, Derrida, Jacques: Semiologie und Grammatologie. *Postmoderne und Dekonstruktion. Texte französischer Philosophen der Gegenwart*. Stuttgart: Reclam, 1990. S. 160.

158 Kristeva; Julia u. Derrida, Jacques: Sémiologie et Grammatologie. *Essays in Semiotics/Essais de Sémiotique.* Julia Kristeva (Hrsg.). Paris: Mouton, 1971. S. 26.

> ne Bewegung, die sich nicht mehr von dem Gegensatzpaar Anwesenheit/ Abwesenheit her denken lässt"[159])"[160].

Das Grammar ist eingeschrieben in das Spiel der Differenzen.

> „Zu den vertrauten Begriffen, die vom Werte der Präsenz abhängen, gehören: ... die Präsenz letzter Wahrheiten für ein göttliches Bewusstsein, die tatsächliche Präsenz eines Ursprungs historischer Entwicklung, ..., die Aufhebung von These und Anti-These in der dialektischen Synthese, die Präsenz logischer und grammatischer Strukturen in der Rede, die Wahrheit als das, was hinter der Erscheinung steht, und die effektive Präsenz eines Ziels"[161].

Das Prinzip der Differenz, oder das Spiel der Differenz, ist nun aber genau das, was die Möglichkeit einer solchen reinen Präsenz als Illusion aufdeckt. Hier lässt sich weder eine These vom Ursprung, noch eine Präsenz letzter Wahrheiten denken, die dann auch außerhalb dieses Spiels stehen müssten.

> „Le jeu des différances suppose en effet des synthèses et des renvois qui interdisent qu'à aucun moment, en aucun sens, un élément simple soit PRÉSENT en lui-même et ne renvoie qu'à lui-même. Que ce soit ... aucun élément ne peut fonctionner comme signe sans renvoyer à un autre élément qui lui-même n'est pas simplement présent. Cet enchaînment fait que chaque 'élément' ... se constitue à partir de la trace en lui des autres éléments dela chaîne ou du système („Das Spiel der Differenzen setzt in der Tat Synthesen und Verweise voraus, die es verbieten, dass zu irgendeinem Zeitpunkt, in irgendeinem Sinn, ein einfaches Element als solches präsent wäre und nur auf sich selbst verwiese. Kein Element kann je die Funktion eines Zeichens haben, ohne auf ein anderes zu verweisen.... Aus dieser Verkettung folgt, dass sich jedes Element ... aufgrund der in ihm vorhandenen Spur der anderen Elemente der Kette oder des Systems konstituiert"[162])"[163].

---

159 Kristeva, Julia, Derrida, Jacques: Semiologie und Grammatologie. *Postmoderne und Dekonstruktion. Texte französischer Philosophen der Gegenwart.* Stuttgart: Reclam, 1990. S. 151.

160 Kristeva; Julia u. Derrida, Jacques: Sémiologie et Grammatologie. *Essays in Semiotics/Essais de Sémiotique.* Julia Kristeva (Hrsg.). Paris: Mouton, 1971. S. 19.

161 Culler, Jonathan: *Dekonstruktion. Derrida und die poststrukturalistische Literaturtheorie.* Reinbek b. Hamburg: Rowohlt Taschenbuch Verlag GmbH, 1988. S. 104.

162 Kristeva, Julia, Derrida, Jacques: Semiologie und Grammatologie. *Postmoderne und Dekonstruktion. Texte französischer Philosophen der Gegenwart.* Stuttgart: Reclam, 1990. S. 150.

163 Kristeva; Julia u. Derrida, Jacques: Sémiologie et Grammatologie. *Essays in Semiotics/Essais de Sémiotique.* Julia Kristeva (Hrsg.). Paris: Mouton, 1971. S. 18 f.

4.1.5 Spuren

Jedes Element innerhalb des sich selbst generierenden, verschiebenden, transformierenden Sinns oder der Verweisungen, also dem Spiel der Differenzen, konstituiert sich so ausschließlich in Bezug auf die in den einzelnen Elementen vorhandenen Spuren der anderen Elemente der Kette oder des Systems. Kein einzelnes Element ist zu keinem Zeitpunkt in eigener, irgendwie gestalteter Präsenz vorhanden. Es ergibt sich dementsprechend das Netz von Differenzen, zu dem es kein Außerhalb gibt. Diese Verkettung, die unendlich fortschreibbare Kette, ist das, was Derrida den Text nennt:

> „Cet enchaînement, ce tissu, est le TEXTE qui ne se produit que dans la transformation d'un auttre texte. Rien, ni dans les éléments ni dans le système, n'est nulle part ni jamais simplement présent ou absent. Il n'y a, de part en part, que des différences des différences et des traces de traces („Diese Verkettung, dieses Gewebe ist der *Text,* welcher nur aus der Transformation eines anderen Textes hervorgeht. Es gibt nichts, weder in den Elementen noch im System, das irgendwann oder irgendwo einfach anwesend oder abwesend wäre. Es gibt durch und durch nur Differenzen und Spuren von Spuren"[164])"[165].

Zu keinem Zeitpunkt ist also ein einzelnes Element in seinem Sinn vollständig präsent. Es gibt nur Verweisungen auf Spuren von Bedeutung und Sinn, die ins Unendliche fortgeschrieben werden und sich in diesem Prozess wieder transformieren. Sinn wird hier nicht nur unendlich relativ, sondern einem Auffinden oder Feststellen immer schon entzogen und vorgängig.

Das Grammar als Spur der Différance ist also ein offener Prozess, oder eine Struktur, außerhalb derer nichts existiert, die sich nicht mehr als Gegensatz von Anwesenheit/Abwesenheit, sondern als unendlich offenes Spiel von Transformationen und Verschiebungen denken lässt. Die Différance nennt Derrida die Verräumlichung dieser Spuren und Differenzen, mittels derer sich die Elemente aufeinander beziehen. Sie stellt das „le devenir-espace de la chaîne parlée (Raum-Werden der gesprochenen Sprache)"[166] dar.

---

164 Kristeva, Julia, Derrida, Jacques: Semiologie und Grammatologie. *Postmoderne und Dekonstruktion. Texte französischer Philosophen der Gegenwart.* Stuttgart: Reclam, 1990. S. 150 f.

165 Kristeva; Julia u. Derrida, Jacques: Sémiologie et Grammatologie. *Essays in Semiotics/Essais de Sémiotique.* Julia Kristeva (Hrsg.). Paris: Mouton, 1971. S. 19.

166 Kristeva; Julia u. Derrida, Jacques: Sémiologie et Grammatologie. *Essays in Semiotics/Essais de Sémiotique.* Julia Kristeva (Hrsg.). Paris: Mouton, 1971. S. 19.

4.1.6 Struktur

Bereits im vorangegangenen Kapitel, wurde der Begriff der Struktur in der Betrachtung des Strukturalismus erläutert. Im Poststrukturalismus wurde dieser bereits in der Form ent-grenzt, als dass er als solcher übernommen wurde, allerdings nicht mehr auf geschlossenes Systeme Anwendung fand, sondern auf ein unendlich offenes Geflecht aus sich selbst generierenden Prozessen. Dieses Konzept wird bei Derrida im Dekonstruktivismus zum Spiel der Différance. Die Differenzen sind nicht in ein geschlossenes System eingeschrieben, die von einem synchronen oder taxonomischen Verfahren aus erschlossen werden können. Die Differenzen, laut Derrida,

> „ne sont pas tombées du ciel et elles ne sont pas inscrites une fois pour toutes dans un systéme clos, dans une structure statique qu'une opération synchronique et taxonomique pourrait épuiser. Les différences sont les effets de transformations et de ce point de vue le thème de la différance est incompatible avec le motif statique, synchronique, taxonomique, anhistorique, etc, du concpt de STRUCTURE („sind weder vom Himmel gefallen noch ein für alle mal in ein geschlossenes System, in eine statische Struktur eingeschrieben, die von einem synchronen oder taxonomischen Verfahren ausgeschöpft werden könnten. Die Differenzen sind das Ergebnis von Transformationen; daher ist das Motiv der *différance,* von diesem Gesichtspunkt aus, mit dem statischen synchronischen, taxonomischen, ahistorischen usw. Begriff der *Struktur* unvereinbar"[167])"[168].

Sie sind folglich das Ergebnis von Transformationen, so dass die Différance unvereinbar ist mit einem statischen, taxonomischen und a-historischen Begriff von Struktur, wie es noch im Strukturalismus gedacht wurde. Die Différance ist gleichsam aber nicht a-strukturell. Die Bewegungen und Transformationen sind durchaus als geregelte Prozesse zu betrachten: „elle produit des transformations systématiques et réglées pouvant, jusqu'à un certain point, donner lieu à une science structurale („Sie bewirkt geregelte Transformationen, die bis zu einem gewissen Grad Anlaß zu einer strukturellen Wissenschaft geben könnten"[169])"[170].

---

[167] Kristeva, Julia, Derrida, Jacques: Semiologie und Grammatologie. *Postmoderne und Dekonstruktion. Texte französischer Philosophen der Gegenwart.* Stuttgart: Reclam, 1990. S. 152.

[168] Kristeva; Julia u. Derrida, Jacques: Sémiologie et Grammatologie. *Essays in Semiotics/Essais de Sémiotique.* Julia Kristeva (Hrsg.). Paris: Mouton, 1971. S. 19 f.

[169] Kristeva, Julia, Derrida, Jacques: Semiologie und Grammatologie. *Postmoderne und Dekonstruktion. Texte französischer Philosophen der Gegenwart.* Stuttgart: Reclam, 1990. S. 152.

So verschiebt sich der Begriff der Struktur im Dekonstruktivismus zwar, bleibt der Grundannahme des Strukturalismus, dass allem eine geregelte Strukturalität zugrunde liegt, verhaftet und radikalisiert dieses Konzept sogar, indem Derrida das Spiel der Differenz auf alles ausweitet - die Welt zum Text wird. Außerhalb dieses strukturellen Netzes gibt es nichts, auf das man einen Rückgriff machen könnte. So ist alles Struktur und der Begriff der „différance développe même les exigences pricipielles les plus légitimes du 'structuralisme' („entwickelt sogar die im höchsten Maß legitimen grundlegenden Anforderungen des 'Strukturalismus'"[171])"[172].

4.1.7 Subjekt

Auch der Begriff des Subjekts erfährt im Dekonstruktivismus eine Verschiebung. Weg von einem autonom handelnden Individuum, das immer in vollem Bewusstsein aller seiner Akte steht, erleben wir schon im Strukturalismus die Dezentrierung des Subjekts zu einem Effekt einer ihm vorgängigen Struktur. Der ,Tod' des Subjekts, wie wir es schon bei Nietzsche beobachten konnten, wird im Denken der Dekonstruktion nicht nur bestätigt. Das Subjekt wird vielmehr irrelevant. Derrida weist Sprache und jeden anderen semiotischen Code als Wirkungen der Différance auf, „mais ils n'ont pas pur cause un sujet, une substance ou un étant quelque part présent et échappant au mouvement de la différance („aber ihre Ursache ist weder ein Subjekt noch eine Substanz, noch ein irgendwo präsentes Seiendes, das der Bewegung der *différance* entginge"[173])"[174]. Wenn es also keine Präsenz außerhalb der semiologischen Différance gibt, muss angenommen werden, dass „jedes Ereignis seinerseits bereits von vorangegangenen Strukturen determiniert ist und er-

---

170 Kristeva; Julia u. Derrida, Jacques: Sémiologie et Grammatologie. *Essays in Semiotics/Essais de Sémiotique.* Julia Kristeva (Hrsg.). Paris: Mouton, 1971. S. 20.

171 Kristeva, Julia, Derrida, Jacques: Semiologie und Grammatologie. *Postmoderne und Dekonstruktion. Texte französischer Philosophen der Gegenwart.* Stuttgart: Reclam, 1990. S. 152.

172 Kristeva; Julia u. Derrida, Jacques: Sémiologie et Grammatologie. *Essays in Semiotics/Essais de Sémiotique.* Julia Kristeva (Hrsg.). Paris: Mouton, 1971. S. 20.

173 Kristeva, Julia, Derrida, Jacques: Semiologie und Grammatologie. *Postmoderne und Dekonstruktion. Texte französischer Philosophen der Gegenwart.* Stuttgart: Reclam, 1990. S. 152.

174 Kristeva; Julia u. Derrida, Jacques: Sémiologie et Grammatologie. *Essays in Semiotics/Essais de Sémiotique.* Julia Kristeva (Hrsg.). Paris: Mouton, 1971. S. 20.

möglicht wird"[175]. Daraus ergibt sich das Problem, einen Anfang oder einen

Ursprung zu setzen, denn so „finden wir nur nicht-ursprüngliche Ursprünge"[176]. Das Subjekt ist nicht die Ursache der Wirkungen der Différance: „Rien - aucun étant présent et in-différant - ne précède donc la différance et l'espacement. Il n'y a pas de sujet qui sont agent, auteur et maître de la différance et auquel celle-ci surviendrait éventuellement et emperique („Nichts - kein präsent Seiendes - geht der différance und der Verräumlichung voraus. Es gibt kein Subjekt, das Agent, Autor oder Herr der différance wäre und dem sie sich möglicherweise empirisch aufdrängen würde"[177])"[178].

Vor einer gedachten Trennung von Sprache und Sprechen, von Code und Botschaft kann laut Derrida nur eine systematische Produktion von Differenzen anzunehmen sein. Nichts geht der Différance voraus. Es gibt nichts außerhalb oder vor ihr und so kann es auch nichts geben, was ihr entzogen ist und so in der Lage wäre, eine Kontrolle oder einen Einfluss auf diese auszuüben, oder sie gar zu bestimmen. Auch zeitlich ist hier so kein ursprünglicher Ursprung zu denken. „Différés en raison même du principe de différence qui veut qu'un élément ne fonctionne et ne signifie, ne prenne ou ne donne 'sens' qu'en renvoyant à un autre élément passe ou à venir, dans une économie des traces („Diese Differierung geht auf das Prinzip der Differenz selbst zurück, von dem aus ein Element nur dann funktionieren und bezeichnen, nur dann einen 'Sinn' haben oder geben kann, wenn es im Rahmen der Ökonomie der Spuren auf ein anderes, vergangenes oder zukünftiges, Element verweist"[179])"[180]. Mit anderen Worten heißt das, dass sich hier ein infinites Verweisen nicht nur im Raum sondern auch in der Zeit ergibt, das nicht auf einen einzi-

---

175 Culler, Jonathan: *Dekonstruktion. Derrida und die poststrukturalistische Literaturtheorie.* Reinbek b. Hamburg: Rowohlt Taschenbuch Verlag GmbH, 1988. S. 106.

176 Ebenda. S. 107.

177 Kristeva, Julia, Derrida, Jacques: Semiologie und Grammatologie. *Postmoderne und Dekonstruktion. Texte französischer Philosophen der Gegenwart.* Stuttgart: Reclam, 1990. S. 153.

178 Kristeva; Julia u. Derrida, Jacques: Sémiologie et Grammatologie. *Essays in Semiotics/Essais de Sémiotique.* Julia Kristeva (Hrsg.). Paris: Mouton, 1971. S. 20.

179 Kristeva, Julia, Derrida, Jacques: Semiologie und Grammatologie. *Postmoderne und Dekonstruktion. Texte französischer Philosophen der Gegenwart.* Stuttgart: Reclam, 1990. S. 153.

180 Kristeva; Julia u. Derrida, Jacques: Sémiologie et Grammatologie. *Essays in Semiotics/Essais de Sémiotique.* Julia Kristeva (Hrsg.). Paris: Mouton, 1971. S. 20.

gen Ursprung, kein Subjekt oder Autor, zurückzuführen sein kann. Dieser ökonomische Aspekt

> „confirm que le sujet, et d'abord le sujet conscient et parlant, dépend du système de différences et du mouvement de la différance, qu'il n'est pas présent ni surtout présent à soi avant différance, qu'il ne s'y constitute qu'en se divisant, en s'espaçant„ en 'temporisant', en se différant („bestätigt, dass das Subjekt, und in erster Linie das bewusste und sprechende Subjekt, von dem System der Differenzen und der Bewegung der différance abhängig ist, dass es vor der différance weder gegenwärtig noch vor allem selbstgegenwärtig ist; es schafft sich seinen Platz in ihr erst, indem es sich spaltet, sich verräumlicht, sich ‚verzeitlicht', sich differiert'"[181])"[182].

Die begonnene Dezentralisierung des Subjekts, wie es die traditionelle Metaphysik setzt, erfährt ebenfalls eine radikale Ent-Hierarchisierung und zudem beinahe eine Nivellierung dadurch, dass Derrida das Subjekt nicht als konstituierend innerhalb der Différance erkennt. Also weder außerhalb noch innerhalb der Differenz spielt es eine als solche klar zu ersehende Rolle für die Generierung von Sinn. Es kann nicht mehr als präsent Seiendes aufgefasst werden, auch nicht in einem relativen Sinne innerhalb einer Struktur, wie es noch im Strukturalismus der Fall war. Es wird so irrelevant.

> „Au point où intervient le concept de différance, avec la chaîne qui s'y conjonint, toutes les oppositions conceptuelles de la métaphysique, en tant qu'elles ont pour ultime référence la présence d'un présent (sous la form, par example, l'identité du sujet, présent à toutes ses opérations, présent sous tout ses accidents ...), toutes ces oppositions métaphysique (signifiant/signifié; sensible/intelligible; écriture/parole;...; espace/temps...) deviennent non-pertinents. Elles reviennent toutes, à un moment on un auttre, à subordonner le movement de la difference à la présence d'une valeur ou d'un sens qui serait antérieure à la différance, plus originaire q'elle, l'excédant et la commandant en dernière instance („An dem Punkt, wo der Begriff der différance - und alles, was mit ihm verkettet ist - ins Spiel kommt, werden alle begrifflichen Gegensätze der Metaphysik, weil sie letzten Endes immer auf die Präsenz eines Gegenwärtigen bezugnehmen (zum Beispiel in der Form der Identität des Subjekts, das bei all seinen Un- und Vorfällen gegenwärtig ist....), werden also alle diesse metaphysischen Gegensätze (wie Signifikant/Signifikat, sinnlich wahrnehmbar/intelligibel, Schrift/Sprache ... Zeit/Raum ...) unwesentlich. Sie kommen alle früher oder später darauf zurück, die Bewegung der différance

181 Kristeva, Julia, Derrida, Jacques: Semiologie und Grammatologie. *Postmoderne und Dekonstruktion. Texte französischer Philosophen der Gegenwart.* Stuttgart: Reclam, 1990. S. 153.

182 Kristeva; Julia u. Derrida, Jacques: Sémiologie et Grammatologie. *Essays in Semiotics/Essais de Sémiotique.* Julia Kristeva (Hrsg.). Paris: Mouton, 1971. S. 21.

der Präsenz eines Wertes oder eines *Sinns* unterzuordnen, der der différance vorausginge, der ursprünglicher als sie wäre und der in letzter Instanz über sie hinausgehen und sie bestimmen würde"[183]) "[184].

4.1.8 Sinn

Um den phänomenologischen Gebrauch des Wortes *Sinn* zu erläutern, beginnt Derrida diesen anhand einer Untersuchung Husserls zu erklären. Hier sagt er, dass - obwohl Husserl zunächst die Unterscheidung zwischen Sinn und Bedeutung zurückweist - dieser später doch auf den Unterschied zurückgreift.

Zunächst einmal stellt Derrida fest, dass der Begriff des Sinns in seinem phänomenologischen Gebrauch weniger genau bestimmt zu sein scheint, als der semiotische Gebrauch desselben. „Tout experiénce est experiénce du sens (*Sinn*). Tout ce qui apparaît à la conscience, tout ce qui est pour une conscience en général, est *sens*. Le sens est la phénoménalité du phénomène („Jede Erfahrung ist Erfahrung des Sinns. Alles, was dem Bewusstsein erscheint, alles, was für ein Bewusstsein im Allgemeinen bestimmt ist, ist *Sinn*. Der Sinn ist die ‚Phänomenheit' des Phänomens"[185])"[186]. Der Unterschied zwischen Sinn und Bedeutung liegt in Husserls Auseinandersetzung nun darin, dass der Begriff *Sinn* in seiner allgemeinsten Form und Bedeutung als Gegenstand einer logischen oder linguistischen Aussage benutzt wird. *Bedeutung* bezieht sich zunächst nur auf die sprachliche Ebene des Ausdrückens, wird aber erweitert auf alle Akte, die mit ausdrückenden Akten verbunden sind oder nicht. Sinn ist hier eher als ein intentionales Erlebnis zu sehen. Auch erfolgt eine Trennung zwischen der intelligiblen Seite, geistigen, bezeichneten und der wahrnehmbaren, bezeichnenden Seite, die Husserl aus einer logisch-grammatikalischen Problematik ausschließt. „Ainsi, qu'il soit un non 'signifié' ou 'exprimé', qu'il soit ou non 'entrelacé' à un procés de signification, le 'sens' est une IDÉALITÉ, intelligible ou spirituelle, qui peut

---

183 Kristeva, Julia, Derrida, Jacques: Semiologie und Grammatologie. *Postmoderne und Dekonstruktion. Texte französischer Philosophen der Gegenwart.* Stuttgart: Reclam, 1990. S. 153 f.

184 Kristeva; Julia u. Derrida, Jacques: Sémiologie et Grammatologie. *Essays in Semiotics/Essais de Sémiotique.* Julia Kristeva (Hrsg.). Paris: Mouton, 1971. S. 21.

185 Kristeva, Julia, Derrida, Jacques: Semiologie und Grammatologie. *Postmoderne und Dekonstruktion. Texte französischer Philosophen der Gegenwart.* Stuttgart: Reclam, 1990. S. 154.

186 Kristeva; Julia u. Derrida, Jacques: Sémiologie et Grammatologie. *Essays in Semiotics/Essais de Sémiotique.* Julia Kristeva (Hrsg.). Paris: Mouton, 1971. S. 21.

éventuellement s'unir à la face sensible d'un significant, mais qui en soit n'en a nul besoin („Demnach ist der ‚Sinn', ob der nun ‚bezeichnet' oder ‚ausgedrückt' wird oder nicht, ob er in einen Bedeutungsprozeß ‚verflochten' ist oder nicht, etwas, das nur *in der Vorstellung vorhanden (idealité)*, nur intelligibel oder geistig ist und das sich eventuell mit der wahrnehmbaren Seite eines Signifikanten verbinden kann, dazu aber in keiner Weise genötigt ist"[187])"[188].

Die Annahme einer reinen Schicht des Sinns ist also nach wie vor der Rückgriff auf ein rein Geistiges, auf ein transzendentales Signifikat. Eine solche Annahme, die laut Derrida bei Husserl explizit vorliegt, aber auch in der Semiotik zumindest implizit zu finden ist, würde auf eine Schicht verweisen, deren „présence serait pensable hors et avant le travail de la différance, hors et avant le procès ou le système da la signification („Präsenz außerhalb und vor der Tätigkeit der differance, außerhalb des und vor dem Geschehen und dem System der Bezeichnung gedacht werden könnte"[189])"[190]. Ein solcher präsenter Sinn wäre kein Signifikant, und somit nicht relational und differierend. Er müsste außerhalb des Systems oder des Prozesses der Différance liegen. „La métaphysique a toujours consiste, ou pourrait le montrer, à vouloir arracher la présence du sens, sous ce nom ou sous un autre, à la difference (Die Metaphysik hat immer darin bestanden, könnte man zeigen, der différance die Präsenz des Sinns unter diesem oder einem anderen Namen entreißen zu wollen)"[191].

4.1.9 Sprache als Ausdruck

Die Beziehung zwischen Signifikat und Signifikant wird bei Husserl zu einer Beziehung der Äußerlichkeit, das Eine wird der Ausdruck des Anderen. Julia Kristeva fragt im vorletzten Abschnitt des Textes nach einem Verfahren, das die Möglichkeit einer Überwindung der Ausdrücklichkeit der Sprache ermöglichen würde. Derrida gibt hierauf zwei Aspekte zu

---

187 Kristeva, Julia, Derrida, Jacques: Semiologie und Grammatologie. *Postmoderne und Dekonstruktion. Texte französischer Philosophen der Gegenwart.* Stuttgart: Reclam, 1990. S. 156.

188 Kristeva; Julia u. Derrida, Jacques: Sémiologie et Grammatologie. *Essays in Semiotics/Essais de Sémiotique.* Julia Kristeva (Hrsg.). Paris: Mouton, 1971. S. 22.

189 Kristeva, Julia, Derrida, Jacques: Semiologie und Grammatologie. *Postmoderne und Dekonstruktion. Texte französischer Philosophen der Gegenwart.* Stuttgart: Reclam, 1990. S. 156.

190 Kristeva; Julia u. Derrida, Jacques: Sémiologie et Grammatologie. *Essays in Semiotics/Essais de Sémiotique.* Julia Kristeva (Hrsg.). Paris: Mouton, 1971. S. 23.

191 Ebenda.

bedenken. Zum einen führt er an, dass ein solcher Expressivismus nie einfach zu überwinden sei, denn es sei

> „impossible de réduire cet effet de différance qu'est la structure d'opposition simple dedans-dahors et cet effet du langage qui le pousse à se représenter lui-même comme ré-presentation ex-pressive, traduction au dehors de ce qui était constitué au dedans („unmöglich, eine Wirkung der différance wie die Struktur des einfachen Gegensatzes innen/außen zu reduzieren, ebensowenig wie jene Wirkung der Sprache, die sie dazu veranlaßt, sich selbst als aus-drückliche Re-präsentation, als äußerliche Übersetzung dessen, was im Inneren entstanden ist, darzustellen"[192])"[193].

Diese Expressivität sieht Derrida als veränderliche, die sich über Kulturen und Zeit hinweg entwickelt. Metaphysik versteht er als Systematisierung des Expressivismus.

Auf der anderen Seite, fasst er den Expressivismus bereits als überwunden auf. Da Sinn immer schon in das Spiel, also die Transformationen der Differance, eingebunden ist, und

> „de part en part, constitué d'un tissu de différences, dans la mesure où il est déjà un texte, un réseau de renvois textuels à D'AUTRES textes, une transformation textuelle dans lecquel chacque 'terme' prétendûment 'simple' est marqué par la trace d'un autre, l'intériorité présumée du sens est déjà travailée par son propre dehors („durch und durch aus einem Gewebe von Differenzen besteht, insofern es bereits einen *Text* gibt, ein Netz von textlichen Verweisen auf *andere* Texte, als es eine textliche Transformation gibt, bei der jedes angeblich 'einfache Glied' durch die Spur eines anderen gekennzeichnet ist, wird die vermeintliche Innerlichkeit des Sinns schon ihrer Äußerlichkeit bearbeitet"[194])"[195].

Nur unter der Voraussetzung, dass sie in einen Text eingebunden ist, durch einen solchen transformiert wird und dadurch „différante (de soi) avant tout acte d'expression (differierend – von sich selbst – vor jedem

---

192 Kristeva, Julia, Derrida, Jacques: Semiologie und Grammatologie. *Postmoderne und Dekonstruktion. Texte französischer Philosophen der Gegenwart.* Stuttgart: Reclam, 1990. S. 158.

193 Kristeva; Julia u. Derrida, Jacques: Sémiologie et Grammatologie. *Essays in Semiotics/Essais de Sémiotique.* Julia Kristeva (Hrsg.). Paris: Mouton, 1971. S. 24.

194 Kristeva, Julia, Derrida, Jacques: Semiologie und Grammatologie. *Postmoderne und Dekonstruktion. Texte französischer Philosophen der Gegenwart.* Stuttgart: Reclam, 1990. S. 158.

195 Kristeva; Julia u. Derrida, Jacques: Sémiologie et Grammatologie. *Essays in Semiotics/Essais de Sémiotique.* Julia Kristeva (Hrsg.). Paris: Mouton, 1971. S. 24.

Akt des Ausdrückens)"[196] ist, könnte der Expressivismus bedeutungsvoll sein.

Daraus folgert Derrida, dass nur die Nicht-Expressivität bedeutungsvoll sein kann, „parce qu'en toute rigueur il n'y à de signification que s'il y a synthèse, syntagme, différance et texte („weil es genau genommen nur dann Bedeutung gibt, wenn es eine Synthese, ein Syntagma, eine différance und einen Text gibt"[197])"[198]. Nur Nicht-Expressivität kann also bedeutungsvoll sein, weil es nur Bedeutung gibt, wenn es eine Synthese eine Différance und einen Text gibt. Der Begriff des Textes ist laut Derrida mit dem eindeutigen Begriff des Ausdrucks unvereinbar. Die Grammatologie als Wissenschaft einer Textualität wäre demnach nur dann eine nicht-expressive Semiologie, wenn sie den Begriff des Zeichens seinem Boden dem Expressivismus entnehmen könnte.

4.2 Paul de Man

Paul de Man gilt als einer der wichtigsten Vertreter der literarischen Dekonstruktion. Geboren am 06.12.1919 in Antwerpen, emigrierte er nach dem zweiten Weltkrieg nach New York, besuchte ab 1952 die Harvard University, wo er im Jahre 1960 promovierte. Zunächst lehrte er an der Cornell Universität, dann an der John Hopkins Universität. Im Jahre 1970 wurde er Sterling-Professor of Comparative Literature an der Universität Yale, wo auch Jacques Derrida zeitweilig lehrte. Er gehörte zu den „deconstructive critics at Yale". Paul de Man starb im Jahre 1983.

Obwohl er „in den 70er Jahren nur zwei Bücher - *Blindness and Insight. Essays in the Rhetoric of Contemporary Criticism* (1971) und *Allegories of Reading. Figural Language in Rousseau, Nietzsche, Rilke, and Proust* (1979) - vorgelegt hat, die zudem zahlreiche bereits anderweitig veröffentlichte Arbeiten enthalten"[199], gilt Paul de Man als „major influence on American literary criticism and theory since the 1960s"[200]. Im Jahre 1987 wurde

---

196 Ebenda.

197 Kristeva; Julia u. Derrida, Jacques: Sémiologie et Grammatologie. *Essays in Semiotics/Essais de Sémiotique.* Julia Kristeva (Hrsg.). Paris: Mouton, 1971. S. 158.

198 Kristeva, Julia, Derrida, Jacques: Semiologie und Grammatologie. *Postmoderne und Dekonstruktion. Texte französischer Philosophen der Gegenwart* .Stuttgart: Reclam, 1990. S. 24.

199 Hirstmann, Ulrich: *Parakritik und Dekonstruktion. Eine Einführung in den amerikanischen Poststrukturalismus.* Würzburg: Königshausen und Neumann, 1983. S. 64.

200 Culler, Jonathan: *Framing the Sign. Criticism and its Institutions.* Oxford: Basil Blackwell, 1988. S.107.

öffentlich, dass de Man zu Beginn der Besetzung Belgiens durch das Nazi Regime, damals war er „in his early twenties"[201], zweihundert Rezensionen und Artikel in Kollaborateur-Zeitungen geschrieben hatte „and that one of these articles, from a special anti-Semitic section of *Le Soir* early in the period of de Man's employment, adopted the language and premises of anti-Semitism"[202]. Diese Entdeckung ließ ihn und seine Arbeit auf dem Gebiet der Literaturkritik in die Diskussion geraten und führte „to an intense, suspicious reading ... of the later work - a critical reading giving special attention to political contexts, as well as to the literary and philosophical contexts in which his work has usually been read"[203]. Jacques Derrida, mit dem Paul de Man befreundet war, veröffentlichte daraufhin eine Schrift zu seiner Rehabilitation.

Während es im vorherigen Kapitel darum ging, das Gedankenmodell Derridas in seinen zentralen Punkte darzulegen, handelt es sich bei Paul de Man um einen Dekonstruktivisten, der sich explizit auf die kritische Beschäftigung mit Literatur bezieht, wobei der Einfluss Derridas nicht zu übersehen ist. In seiner Aufsatzsammlung *Allegories of Reading. Figural Language in Rousseau, Nietzsche, Rilke and Proust* aus dem Jahre 1979, beschäftigt sich der einführende Artikel, auf den sich das Kapitel im Folgenden beziehen wird, mit der Beziehung von Semiologie und Rhetorik. Seine Beschäftigung innerhalb des ausgewählten Aufsatzes kann als Beispiel für die bereits beschriebene offene Prozesshaftigkeit dekonstruktivistischen Denkens gelten. Um diesen Prozess, der unter anderem in einer Absetzung von herkömmlichen Denkweisen der Literaturkritik liegt, nachzuvollziehen - hier gerade in Bezug auf die figurative Dimension der Sprache, in der Hauptsache der Metapher -, ist es zunächst notwendig, die Argumentation des Textes Schritt für Schritt darzulegen, um dann einen zusammenfassenden Überblick über die zentralen Aspekte des Aufsatzes zu geben.

4.2.1 Semiology and Rhetoric

In einer kleinschrittigen Auseinandersetzung mit der Beziehung der Dimensionen von Sprache zueinander, der figurativ-rhetorischen und der grammatisch-semiologischen Dimension im Besonderen, ist Paul de

201 Ebenda.

202 Ebenda. S. 107 f.

203 Ebenda. S. 108.

Mans leitende Fragestellung „whether ... reduction of figure to grammar is legitimate“[204].

4.2.1.1 New Criticism

Er beginnt mit einer Darstellung der aktuellen kritischen Debatte, die im Amerika des 20. Jahrhunderts vom New Criticism geprägt war. So gibt er an: „from a technical point of view, very little has happened in American Criticism since the innovative works of New Criticism“[205]. Das *close reading* des New Criticism ist ein ausschließlich werkimmanentes Verfahren. Hier wird der literarische „Text als in sich selbst ruhendes Gebilde begriffen und seiner Bedeutung mittels Einfühlung und stilistischer Mikroanalyse“[206] untersucht. Unter Ausschluss aller textexternen Referenten wie „historischen und soziokulturellen Verknüpfungen“[207], liegt „die Eigentümlichkeit des literarischen Textes gerade in einer spezifischen Verwendung von Sprache...welche die Verweisungsfunktion des sprachlichen Zeichens zugunsten einer maximalen Ausschöpfung seiner konnotativen Dichte in den Hintergrund treten ließ“[208]. Ausgehend von der „assurance that valid interpretation is possible“[209], wie de Man angibt, versucht der New Criticism „durch Ausschaltung aller außerliterarischen Perspektiven zu einer « objektiven » Textinterpretation vorzudringen“[210].

Durch die Konzentration auf den Aspekt des Technischen und die Strukturalität eines Textgefüges bzw. eines Werkes, wobei hier die „Schlüsselvokabeln der neukritischen Textinterpretation, »ambiguity«, »texture«, »structure«, »paradox«, »metaphor« oder »technique«“[211] sind, ist es das

---

204 De Man, Paul: Semiology and Rhetoric. *Allegories of Reading*. London: Yale, 1979. S. 7.

205 Ebenda. S. 4.

206 Zimmermann, Bernhard: Haupttendenzen der Literaturtheorie und -kritik. *Propyläen Geschichte der Literatur*. Band VI. Erika Wischer (Hrsg.). Frankfurt a. Main: Verlag Ullstein GmbH, 1988. S. 573.

207 Ebenda. S. 574.

208 Ebenda. S. 573

209 De Man, Paul: Semiology and Rhetoric. *Allegories of Reading*. London: Yale, 1979. S. 3

210 Zimmermann, Bernhard: Haupttendenzen der Literaturtheorie und -kritik. *Propyläen Geschichte der Literatur*. Band VI. Erika Wischer (Hrsg.). Frankfurt a. Main: Verlag Ullstein GmbH, 1988. S. 574.

211 Zimmermann, Bernhard: Haupttendenzen der Literaturtheorie und -kritik. *Propyläen Geschichte der Literatur*. Band VI. Erika Wischer (Hrsg.). Frankfurt a. Main: Verlag Ullstein GmbH, 1988. S. 574 f.

Ziel des New Criticism „der poetisch-formalen Seite von Literatur in vollem Umfang gerecht zu werden"[212]. Die bevorzugte Beschäftigung des New Criticism mit der Lyrik konzentriert sich so auf Aspekte wie Rhythmus, Metrik, Metaphorik und Symbolstrukturen. Eine Art Regelwerk bezüglich der Mikrostrukturen eines Textes lässt sich hieraus ableiten, das in gewisser Nähe zur klassischen Rhetorik, als ‚Kunst der Überredung', steht. Gerade innerhalb der Lyrik, in der „die Wirklichkeitsbindung des Wortes am weitesten aufgelöst und dem Ausdruck künstlerischer Subjektivität ein nahezu unausschöpflicher Spielraum gegeben"[213] scheint, geht es den *new critics* aber nicht etwa um eine objektive Beschreibung formalen Verhaltens von sprachlichen Ebenen oder Strukturen, sondern eher um ein „kongeniales textnahes Beschreibungsverfahren"[214], das sich auf interne stilistische Stimmigkeit und formalen Aufbau konzentriert.

4.2.1.2 Stand der literaturkritischen Diskussion

Er beschreibt nun aber in seinen einleitenden Abschnitten, dass sich hier eine Änderung abzeichnet: „TO JUDGE FROM VARIOUS RECENT PUBLICATIONS, THE spirit of the times is not blowing in the direction of formalist and intrinsic criticism"[215]. Es würde nun mehr über „reference, about the nonverbal "outside" to which language refers, by which it is conditioned and upon which it acts"[216] diskutiert. Hierbei ginge es kaum noch um den fiktionalen Modus von Literatur, sondern vielmehr um deren Interaktion „between these fictions and categories that are said to partake of reality, such as the self, man, society"[217]. Er sieht hier eine Bewegung weg von der formal-intrinsischen Beschäftigung mit den inneren Strukturen der literarischen Form, die durch die - vom Strukturalismus bereitgestellten - Techniken der Erfassbarkeit des Sprachsystems gelöst scheint, hin zu einer Beschäftigung mit den „foreign affairs, the external politics of literature"[218].

---

212 Ebenda. S. 575.

213 Ebenda. S. 574

214 Ebenda. S. 574

215 De Man, Paul: Semiology and Rhetoric. *Allegories of Reading*. London: Yale, 1979. S. 3.

216 Ebenda.

217 Ebenda.

218 Ebenda.

Er erläutert diese Tendenz zunächst einmal als historische Erscheinung, unabhängig von ihrer 'Richtigkeit' oder ihrem Wert. Einerseits, gibt er an, dass Literatur nicht nur verstanden werden kann als "a definite unit of refrential meaning that can be decoded without leaving a residue"[219], bestätigt also die Notwendigkeit einer solchen strukturalen Konzentration und einer daraus folgenden Methode, also eines Formalismus'.

Andererseits, erläutert er, dass kein literarischer Formalismus entstehen kann, der nicht reduktiv ist, egal wie bereichernd er in technischer Hinsicht sein mag: „When form is considered to be the external trappings of literary meaning or content, it seems superficial and expendable"[220]. Dieses Modell sieht er allerdings durch die Entwicklung des formal criticism des 20. Jahrhunderts umgekehrt, so dass Form jetzt eine Kategorie der Selbstreflektion und referentielle Bedeutung extrinsisch ist. Das Schema *interne Bedeutung = äußere Referenz* und *äußere Form = intrinsische Struktur* ist dann zwar eine umgekehrte Version, aber immer noch basierend auf der strikt oppositionellen Polarität der Innen/Außen Metapher.

Die neue Art von Reduktion, die daraus folgt, führt de Man an, sei abzulesen in einer „imagery of imprisonment and claustrophobia: the "prison house of language", "the impasse of formalist criticism," etc."[221]. Danach ist es, ihm zufolge nicht verwunderlich, dass "with the structure of the code so opaque, but the meaning so anxious to blot out the obstacle of form"[222] eine Versöhnung von Form und Bedeutung erstrebenswert scheint. Hierin sieht er aber einen „breeding-ground of false models and metaphors"[223]. Paul

> „de Man distinguishes three critical approaches: historical poetics, which 'would attempt to think the divide in truly temporal dimensions, instead of imposing on it cyclical or eternalist schemata'; salvational poetics - much the most common - which imagines redemption or fusion of contradictions through poetic imagination; and naïve poetics, 'which rests on the belief that poetry is capable of effecting reconciliation because it provides an immediate contact with substance through its own sensible form' (Bl, p. 244). ... Exposing the delusions of the second and the third was for de Man a major task ... .Much of his writing about criticism in his last years combats apparently sophisticated forms of naïve poetics that surface

---

219 De Man, Paul: Semiology and Rhetoric. *Allegories of Reading*. London: Yale, 1979. S 4.

220 Ebenda.

221 Ebenda.

222 Ebenda.

223 Ebenda. S. 5.

in the debates of contemporary criticism: assumptions that aesthetic form reconciles matter and spirit"[224].

Die Trennung von der hier die Rede ist, entspricht einer angenommenen Trennung von Sprache und Wirklichkeit, von 'Natur' oder Wahrheit und Sprache, oder eben die Trennung von Sprache und außersprachlicher Referenz.

Aus der von ihm erläuterten Binarität von Form und Bedeutung, ergäbe sich, seiner Argumentation zufolge, eine quasi metaphysische Konzeption von Literatur, die man sich vorstellen könnte wie eine Art Kiste, bei der ein Außen von einem Inneren getrennt wird. Hier wird die Oppositionalität der Innen/Außen Metapher deutlich. Der Leser oder der Interpret wäre demnach derjenige, der durch das Öffnen des Deckels das befreit, was „secreted but unaccessible inside"[225] ist. Ein solches Modell stünde nach wie vor unter der „aegis of an inside/outside metaphor that is never being seriously questioned"[226]. Sein Vorgehen, so gibt er an, grenzt sich von diesen tradierten Annahmen ab und legt andere Begrifflichkeiten zugrunde, die nicht so einfach in ihren differentiellen, Beziehungen zueinander sind, wie die strikten binären Oppositionen von Außen/Innen. Diese Begriffe entnimmt er der „observation of developments and debates in recent critical methodology"[227].

4.2.2 Semiologie

Nachdem er den Stand der Dinge in der amerikanischen literaturkritischen Debatte zusammengefasst hat, konzentriert er sich auf das Gebiet der europäischen Literaturkritik. Hier bezieht er sich im Speziellen auf die Poetologie als einem Teilgebiet der allgemeinen Semiologie. Semiologie definiert er im Kontrast zur Semantik als „science or study of signs as signifiers; it does not ask what words mean but how they mean"[228]. Mit dem Schwerpunkt auf der Arbiträrität des Zeichens und eben auf dem *Wie* des Ausdrucks, wird die Frage der Bedeutung nicht mehr in

---

224 Culler, Jonathan: *Framing the Sign. Criticism and its Institutions.* Oxford: Basil Blackwell, 1988. S. 11.

225 De Man, Paul: Semiology and Rhetoric. *Allegories of Reading*. London: Yale, 1979. S. 5.

226 Ebenda.

227 Ebenda.

228 De Man, Paul: Semiology and Rhetoric. *Allegories of Reading*. London: Yale, 1979. S. 5.

den Mittelpunkt gestellt. Literatur ist ein „autotelic system"[229]; also ein System, dass sich im Prinzip auf sich selbst und auf die Art und Weise, wie es sich selbst ausdrückt, konzentriert. Daraus folgt für de Man eine Befreiung von der „debiliating burden of paraphrase"[230].

Er verwirft die angenommene Korrespondenz von Zeichen und Referent, wie sie in der Semiologie nicht mehr gelten kann, als einen Mythos, der durch die Beschäftigung der Semiologie mit dieser Beziehung ebenfalls entmystifiziert wird. De Mans Standpunkt ist hierüber allerdings nicht so eindeutig, dass man behaupten könnte, er übernähme alle Implikationen, die sich aus der französischen semiologischen Beschäftigung mit Literatur und Sprache ergeben.

Daher fährt er fort damit, die für ihn „most striking characteristics of literary semiology as it is practiced today, in France and elsewhere"[231] anzugeben. Diese wären: "the use of grammatical (especially syntactical) structures conjointly with rhetorical structures, without apparent awareness of a possible discrepancy between them"[232].

4.2.3 Grammatik und Rhetorik

Der Gleichsetzung von Grammatik und Rhetorik, die er in der semiologischen Praxis als unkritisierte harmonische Einheit übernommen oder angenommen sieht, wendet er jetzt sein spezielles Augenmerk zu. Dabei gilt ihm als Hauptfrage - und diese setzt er auch als Kernfrage der aktuellen kritischen Debatte - „whether this reduction of figure to grammar is legitimate"[233]. Rhetorik definiert de Man im Sinne von „study of tropes and figures (which is how the term *rhetoric* is used here, and not in the derived sense of comment or of eloquence or persuasion)"[234]. Er erläutert, dass - "as the study of grammatical structures is refined in contemporary theories"[235] - die Rhetorik immer mehr zu einer "mere exten-

229 Ebenda.

230 Ebenda.

231 Ebenda. S. 6.

232 Ebenda.

233 De Man, Paul: Semiology and Rhetoric. *Allegories of Reading*. London: Yale, 1979. S. 7.

234 Ebenda.

235 Ebenda.

sion of grammatical models, a particular subset of syntactical relations"[236] wird.

Dies ist die dem Text zugrundeliegende Problemstellung. Er fährt fort damit, die Definition der Rhetorik nach Todorov und Genette anzugeben, um sich dann davon in einer komplementären Annahme abzugrenzen. Der Definition, die diese von Rhetorik geben, nämlich dass „rhetoric has always been satisfied with a paradigmatic view over words (words substituting for each other), without questioning their syntagmatic relationship (the contiguity of words to each other) "[237], hält er entgegen, dass es eine andere Perspektive geben sollte, mit der "metaphor, for example, would not be defined as a substitution but as a particular type of combination"[238]. Auch hier erkennt man den Übergang eines binären Denkens von Anwesenheit/Abwesenheit, hin zu einem Aufbrechen binärer Oppositionen in eine unentscheidbare Vielheit.

De Man erkennt zunächst einmal die Notwendigkeit und die Unwiderlegbarkeit grammatischer Strukturen in und hinter Texten an und stimmt der Wichtigkeit zu, diese zu klassifizieren und zu beschreiben. Für ihn ist aber die Frage, „if and how figures of rhetoric can be included in such a taxonomy"[239].

4.2.4 Grammatik

Um ein näheres Bild von dem zu haben, was de Man unter Grammatik versteht, ist es sinnvoll sich an dieser Stelle kurz ausschließlich darauf zu beziehen. Er sagt also zunächst, dass die Frage nach der Unterscheidbarkeit der „epistemology of grammar from the epistomology of rhetoric"[240] eine gefürchtete Aufgabe und nicht für eine einführende Auseinandersetzung geeignet sei. Er definiert grammatikalische Systeme kurz als „tending towards universality and as simply genreative"[241]. Daher ist das Verhältnis von Logik und Grammatik ein unproblematisches, denn: „no true propositions are conceivable in the absence of grammatical consistency or of controlled deviation"[242] von einem solchen System. Logik

---

236 Ebenda.

237 Ebenda.

238 Ebenda.

239 Ebenda. S. 7.

240 De Man, Paul: Semiology and Rhetoric. *Allegories of Reading*. London: Yale, 1979. S. 7.

241 Ebenda.

242 Ebenda.

und Grammatik stehen daher in einem einander stützenden Verhältnis. So gehen illocutionäre Akte, immer als die Beziehungen unter Menschen betreffend, Hand in Hand mit der entsprechenden grammatikalischen Form einer Frage, eines Imperativs und so fort. Wenn Rhetorik verstanden wird als Überzeugung, als „actual action upon others“[243], kann eine Kontinuität zwischen dem „illocutionary realm of grammar and the perlocutionary realm of rhetoric“[244] angenommen werden.

Er argumentiert jetzt aber weiter, unter Zuhilfenahme der Standpunkte von Kenneth Burke und Charles Sanders Peirce. Bei Burke bezieht er sich auf dessen Aussage, dass *deflection* (Ablenkung/Ableitung) als die rhetorische Basis der Sprache angenommen werden muss, also eine kleine Abweichung oder aber ein Irrtum. Dies würde aber eine „dialectical subversion of the consistent link between sign and meaning that operates within grammatical patterns“[245] bedeuten und konsequenterweise ergäbe sich hieraus eine Differenz von Grammatik und Rhetorik, denn Eindeutigkeit kann demnach nicht gewährleistet sein. Peirce besteht in seiner Unterscheidung von Zeichen und Objekt auf ein notwendiges drittes Element, welches der Interpret wäre. Diese Vorstellung basiert auf der repräsentativistischen Konzeption des Zeichens, das interpretiert werden muss, um eine Bedeutung aufzudecken, dessen Repräsentant das Zeichen lediglich ist. Für Pierce besteht Rhetorik nun in der unendlichen Kette von Verweisungen des einen Zeichens, das durch seine Interpretation nicht seine Bedeutung erlangt, sondern wieder auf ein weiteres Zeichen verweist und so fort.

Das Gegenteil wird aber durch Grammatik gefordert, die ja gerade Eindeutigkeit und die Möglichkeit eindeutiger Wahrheit voraussetzt. Nur in einem Verhältnis eindeutiger und absoluter Repräsentation gäbe es demzufolge keine Möglichkeit einer Differenz von Grammatik und Rhetorik.

Zu einer eigenen eindeutigen Position kommt de Man hierüber jedoch noch nicht. Vielmehr beginnt er nun diese Problemstellung mit drei Beispielen zu illustrieren.

4.2.4.1 Die rhetorische Frage

Er beginnt seine Illustrierungen mit einem Beispiel aus den Massenmedien. Dieses Beispiel bezieht sich auf eine „apparent symbiosis between a

243 Ebenda. S.8.

244 Ebenda.

245 Ebenda.

grammatical and a rhetorical structure, the so-called rhetorical question, in which the figure is conveyed directly by means of a syntactical device "[246]. Archie Bunker wird von seiner Frau gefragt, ob er seine Bowling Schuhe lieber "laced over or laced under"[247] haben möchte. Daraufhin antwortet er mit der Frage „What's the difference?“[248]. Seine Frau führt daraufhin den Unterschied aus, woraufhin er zornig wird. Die Frage hat offensichtlich also nicht nach dem eigentlichen Unterschied gezielt, sondern eher ausgesagt: „"I don't give a damn what the difference is"“[249].

De Mans Argumentation zufolge ist es nun notwendig, eine außertextliche Absicht zu Rate zu ziehen, um zwischen den beiden Bedeutungsmöglichkeiten unterscheiden zu können. Dieselbe grammatische Struktur erlaubt hier zwei einander ausschließende Möglichkeiten. Die eine ist die wörtliche, die nach dem Konzept fragt, dessen Existenz aber von der anderen Möglichkeit in Frage gestellt oder gar verneint wird. „Confronted with the question of the difference between grammar and rhetoric, grammar allows us to ask the question, but the sentence by means of which we ask it may deny the very possibility of asking"[250]. Die Mittel also, die wir anwenden, um eine Frage zu stellen, negieren das Fragen selbst.

De Man stellt weiterhin heraus, dass es sich nicht so verhält, dass es zwei Bedeutungen gibt, zwischen denen zu wählen ist, die wörtliche oder figurative, sondern dass es vielmehr darum geht, dass ein eindeutiges syntagmatisches Paradigma (die Frage) einen Satz bildet, von dem eine Bedeutung die Möglichkeit des Satzes selbst in Frage stellt. Für Archie Bunker bedeutet dies, dass er sich einer „structure of linguistic meaning that he cannot control“[251] gegenüber sieht. Der rhetorische Modus einer Frage ergibt sich bei de Man nicht aus dem Umstand zweier Bedeutungsmöglichkeiten, der wörtlichen und der figurativen, sondern aus der Unentscheidbarkeit zwischen beiden. Die Rhetorik verwirft oder unterminiert daher in diesem Fall die Logik und eröffnet einen großen Spiel-

---

[246] De Man, Paul: Semiology and Rhetoric. *Allegories of Reading*. London: Yale, 1979. S. 9.

[247] Ebenda.

[248] Ebenda.

[249] Ebenda.

[250] Ebenda. S. 10.

[251] De Man, Paul: Semiology and Rhetoric. *Allegories of Reading*. London: Yale, 1979. S. 10.

raum für mögliche Referenz. Paul de Man setzt an dieser Stelle „the rhetorical figural potentiality of language with literature itself"[252] gleich.

Als zweites Beispiel für die rhetorische Frage dient ihm Yeats' Gedicht *Among School Children* und im Speziellen die letzte Zeile *How can we know the dancer from the dance?*. Diese Zeile wird laut de Man in der Regel als Aussage einer potentiellen Einheit von Form und Erfahrung, von Schöpfer und Schöpfung gelesen, negiert also eine Diskrepanz zwischen Zeichen und Referent. Diese Möglichkeit des Lesens lässt sich als konsistent durch das ganze Gedicht halten. Es ist aber - de Man zufolge - nun auch möglich, die letzte Zeile wörtlich zu lesen. Daraus ergäbe sich nicht etwa die Vermutung, dass es keine Abweichung zwischen Zeichen und Referent gibt, sondern im Gegenteil: „since the two essentially different elements, sign and meaning, are so intricately intertwined in the imagined "presence" that the poem addresses, how can we possibly make the distinctions that would shelter us from the error of identifying what cannot be identified?"[253].

Es zeigt sich, dass im Gegensatz zum ersten Beispiel, die wörtliche Lesart nicht die einfachere ist. Denn diese Lektüre würde tatsächlich zu größeren Komplikationen bezüglich des Themas des Gedichtes führen. Sie unterminiert so das ganze Schema der ersten Lektüre. Wie zuvor schließt die wörtliche Lesart - durch einen möglichen Appell eben Tanz und Tänzer auseinander zu halten - die figurative Lesart aus, denn diese weist ja gerade auf eine Kongruenz hin. Die wörtliche Lesart dekonstruiert demzufolge die figurative. Zwei völlig verschiedene Grundkonzepte lägen in diesem Fall vor. Hier, wie im Beispiel zuvor, ist es also möglich, dass „two entirely coherent but two entirely incompatible readings can be made to hinge on one line, whose grammatical structure is devoid of ambiguity, but whose rhetorical mode turns the ... entire poem upside down"[254].

Auch hier kann es keine friedliche Koexistenz zweier divergenter Bedeutungsmöglichkeiten geben, denn die eine muss die andere als ihren eigenen Irrtum, ausschließen. Auch ist hier nicht zu entscheiden, welcher Möglichkeit der Vorzug zu geben wäre, denn „none can exist in the other's absence. There can be no dancer without a dance, no sign without

252 Ebenda.

253 Ebenda. S. 11.

254 De Man, Paul: Semiology and Rhetoric. *Allegories of Reading*. London: Yale, 1979. S. 12.

a referent"[255]. Er macht noch einmal das Verhältnis klar, in dem sich die grammatische Form zur rhetorischen verhält: „the authority of the meaning is fully obscured by duplicity of a figure that cries out for the differentiation that it conceals"[256]. Mit anderen Worten weist er darauf hin, dass es sich nicht um eine strikte Zweischneidigkeit im Sinne einer Opposition oder Gegenüberstellung von Rhetorik und Grammatik handelt.

Yeats' Gedicht stellt für Paul de Man die Binarität von Innen und Außen in Frage. Das tut es „by means of a syntactical device (the question) made to operate on a grammatical as well as on a rhetorical level"[257]. Hierbei kommt es de Man darauf an, dass das Paar Grammatik - Rhetorik keine binäre Opposition bildet, denn sie schließen einander nicht aus. Dieses Paar „disrupts and confuses the neat antithesis of the inside/outside pattern"[258]. Die Verbindung ist viel komplexer: Die eine schließt die andere nicht zuungunsten dieser - im Sinne eines oppositionellen Anwesenheit/Abwesenheit Schemas - aus; beide stehen miteinander in einem Verhältnis, in dem beide sowohl als anwesend als auch als abwesend, im Sinne einer Unentscheidbarkeit stehen. Dieses Schema legt er nun auf den Akt des Lesens und der Interpretation um.

4.2.4.2 Proust

Durch einen Akt des Verstehens, sagt de Man, machen wir uns einen Text zu Eigen, der uns zuvor unbekannt und fremd war: „By reading we get, as we say *inside* a text"[259]. Dieses Verständnis wird bei de Man die Repräsentation einer „extra-textual meaning"[260]. Die Frage, die sich hierbei für Paul de Man stellt ist, ob diese Transformation aufgrund von rhetorischen oder grammatischen Strukturen ermöglicht wird: „Does the metaphor of reading really unite outer meaning with inner understanding, action with reflection, into one single totality? "[261]. Diese Behauptung stellt das folgende Beispiel auf.

---

255 Ebenda.

256 Ebenda.

257 Ebenda.

258 Ebenda.

259 De Man, Paul: Semiology and Rhetoric. *Allegories of Reading*. London: Yale, 1979. S. 12.

260 Ebenda. S. 13.

261 Ebenda.

Bei diesem letzten Beispiel handelt es sich nicht um eine grammatische Struktur, die auch rhetorisch funktioniert. Vielmehr handelt es sich nach de Mans Angaben hierbei um die „dramatization, in terms of the experience of a subject, of a rhetorical structure ...The figure here dramatized is that of metaphor, an inside/outside correspondence as represented by the act of reading"[262]. Wichtig in diesem Beispiel ist die Gegenüberstellung von figurativer und metafigurativer Sprache. Zum einen finden wir in der Passage „seductive metaphors"[263]. Gleichzeitig aber kommentiert sie selbst den besten Weg, ihr Vorhaben zu erreichen und ist insofern metafigural. Die Passage gibt nicht nur zwei Wege an, eine natürliche Erfahrung von Sommer zu evozieren, sondern auch eine Präferenz der einen gegenüber der anderen. Diese „preference is expressed by means of a distinction that corresponds to the difference between metaphor and metonymy"[264]. Denn die Bevorzugung für einen der beiden Wege wird durch die notwendige Verbindung des Sommers mit dem Summen der Fliegen ausgedrückt; das zufällige Hören eines Liedes wird hier nicht als ausreichende Verbindung erachtet. Daraus folgert de Man nun, dass die Unterscheidung zwischen Metapher und Metonymie als ein „legitimate way to distinguish between necessity and chance"[265] zu lesen sein kann. Seiner Auffassung nach liegt der Metonymie eine rein relationale Struktur zugrunde, während die Metapher sich auf Identität und Totalität beruft. Dieses Modell ist aber ein metaphysisches. Die Metapher, in diesem Falle die für Sommer, „guarantees a presence which, far from being contingent, is said to be essential, permanently recurrent and unmediated by linguistic representations or figurations"[266].

Wenn nun, wie eben erwähnt, von einem rhetorischen Lesen ausgegangen und aufgewiesen wird, dass die Überlegenheit der Metapher auf metonymischen Strukturen des Textes basiert, dann bleiben - so de Mans weitere Argumentation - die metaphysischen Kategorien „presence, essence, action, truth, and beauty ... not ... unaffected"[267]. Hier verweist er auf die Kritik, die Nietzsche den metaphysischen Kategorien unterzogen hat, und die seiner Meinung nach entlang derselben dekon-

262 Ebenda.

263 Ebenda. S. 14.

264 Ebenda.

265 Ebenda.

266 De Man, Paul: Semiology and Rhetoric. *Allegories of Reading*. London: Yale, 1979. S. 14.

267 Ebenda. S. 15.

struktiven Linien verlaufen, wie sie in Prousts Text zu finden sind. Die Absolutheit der Metapher wird in dieser Passage eben unterminiert von kontingenten, relationalen Strukturen der Metonymie, kann daher in ihrer Aussage nicht mehr gelten. Das Aufweisen von absoluter Präsenz und Wahrheit als kontigente Entitäten, die auf sprachlich konstituierter Metaphorik bestehen, ist wie beschrieben, bereits bei Nietzsche zu finden.

Das Proust Beispiel beschreibt de Man als Grammatisierung von Rhetorik. Er zeigt auf, dass gerade wenn „the highest claims are made for the unifying power of metaphor“[268], diese Bilder auf halb-automatischen grammatischen Strukturen beruhen. Gerade in einer Passage, in der die verwendeten Bilder als Erfindung eines individuellen Schöpfergeistes gelten könnten, beruhen sie auf „the impersonal precision of grammar“[269].Von da aus ergibt sich für de Man eine Infragestellung einiger grundlegender Konzepte des kritischen Diskurses: „the metaphors of primacy, of genetic history and, most notably, of the autonomous power to will of the self“[270].

Die Rhetorisierung von Grammatik ergibt im ersten Beispiel eine Unentscheidbarkeit zwischen zwei Lesarten. Die Lektüre der Proust Passage, einer Grammatisierung von Rhetorik, führt zu einer Wahrheit, allerdings durch ein negatives Moment: „exposing an error, a false pretense“[271]. Es hat sich folglich herausgestellt, dass die Ausführungen über die Überlegenheit der Metapher, die hier in Verbindung mit der Metaphysik gesetzt wird, auf der Basis von metonymischen Strukturen gemacht werden, demnach unglaubwürdig sind. Eine solche Lektüre schlägt de Man nun mit der Annahme, dass es hier zu sehr ähnlichen Resultaten käme, auch für Literatur im Allgemeinen vor und setzt dieses Vorhaben als die Aufgabe der Literaturkritik für die kommenden Jahre.

Er fragt sodann noch einmal, ob die Grammatisierung von Rhetorik in einer negativen Sicherheit endet, oder ob sie - wie die Rhetorisierung der Grammatik - in einer Ignoranz gegenüber ihrer Richtigkeit oder Falschheit gefangen bleibt und nicht aufzulösen ist. Er führt zwei Bemerkungen zu dieser Frage an: Erstens stellt er heraus, dass die Proust Passage nicht auf das reduziert werden könne, was die Lektüre dekonstruiert

---

268 Ebenda. S. 16.

269 Ebenda.

270 Ebenda.

271 Ebenda.

hat. Die Lektüre sei nicht die Lektüre eines Interpreten, sondern ergebe sich aus den linguistischen Strukturen des Textes selbst. Die Unterscheidung zwischen Autor und Leser, sagt de Man weiter, sei eine nicht zu haltende Annahme. Seine Dekonstruktion wird vom Text direkt vorgenommen, ist ihm bereits inhärent.

Der Autor wird bei de Man lediglich auf den Status eines einfachen grammatischen Pronomens reduziert. Fragen nach der Absicht des Autors werden so irrelevant. Das Subjekt wird dadurch zum Funktionsträger, dass es einem grammatischen Syntagma die Stimme gibt. Demgemäß ist es rhetorisch und nicht grammatisch. Das erste Paradoxon, das durch die Lektüre aufgedeckt wird ist daher folgendes: Die Passage wertet die Metapher als die richtige - die einzig richtige - rhetorische Figur auf, funktioniert aber selbst aufgrund von inkompatiblen metonymischen Strukturen. Die Frage, die de Man daran anschließt, ist sodann, ob der rhetorische Modus der Passage metaphorisch oder metonymisch sei. Eine Antwort darauf schließt er allerdings aus. Die einzelnen Metaphern sind eingeschrieben in metonymische Strukturen; danach ist anzunehmen, dass die Rhetorik von der Grammatik verdrängt wird, die sie dekonstruiert. Das syntaktische Gefüge ist indessen selbst metaphorisch, weil es ein Subjekt hat, das insofern metaphorisch ist, als dass es die Metapher eines grammatischen Syntagmas ist, dessen Bedeutung die Verneinung der angegebenen Metapher ist.

Daher kommt de Man zu dem Schluss, dass hier - wie im Beispiel zuvor - keine Entscheidbarkeit möglich ist und ein "rhetorical reading of the passage reveals that the figural praxis and the metafigural theory do not converge"[272].

4.2.5 Zusammenfassung: De Mans Konzept der Rhetorik

Paul de Mans' „work is best characterized as rhetorical reading, which means not only the study of tropes or rhetorical figures in a text but also the exploration of the rhetorical force of language which cannot be captured or reduced to a grammar-like code"[273]. Insofern illustriert der ausgewählte Essay einen der wichtigsten Ansätze de Mans in seiner Beschäftigung mit literarischen Texten. Sein Interesse richtet sich auf

---

272 De Man, Paul: Semiology and Rhetoric. *Allegories of Reading*. London: Yale, 1979. S. 15.

273 Culler, Jonathan: *Framing the Sign. Criticism and its Institutions*. Oxford: Basil Blackwell, 1988. S. 107.

„philosophical issues in literary criticism, concerning the status and functioning of language – its positing of meaning, its relation to cognition"[274]. So bezieht er sich zum Ende des Textes auf die metaphysischen Kategorien „presence, essence, action, truth, and beauty "[275]. Die Metapher steht bei de Man für ein Modell von Erkenntnis und Wahrheit, wie es dem Modell der Metaphysik entspricht.

Er beschäftigt sich in der Hauptsache mit der rhetorischen Dimension von Sprache. Rhetorik in diesem Sinne ist „die Summe sprachlicher Bilder, Wendungen, Stilmittel und Redefiguren"[276]. Diese figurative Dimension der Sprache setzt er gleich mit der literarischen: „I would not hesitate to equate the rhetorical, figural potentiality of language with literature itself"[277]. Die Rhetorik steht in einem Spannungsverhältnis zur grammatischen Ebene von Sprache. Er zeigt, wie zuvor ausgeführt, auf "that rhetoric is superseded by a grammar that deconstructs it"[278]. Damit wendet er sich gegen die von ihm zuvor ausgeführte semiologische Position, in der Grammatik und Rhetorik als harmonisch funktionierende Einheit angenommen werden. In seinen Beispielen zur rhetorischen Frage erläutert er, dass die Beziehung von Grammatik und Rhetorik nicht eine oppositionelle ist, da keine der beiden die andere ausschließt. Sie ist aber auch nicht einfach mit einem einander stützenden Verhältnis zu erklären, wie man es von der Logik und der Grammatik aussagen kann.

Wenn es möglich ist, dass „two entirely incompatible readings can be made to hinge on one line, whose grammatical structure is devoid of ambiguity, but whose rhetorical mode turns the mood as well as the mode of the entire poem upside down"[279], ergibt sich ein weitaus komplizierteres Verhältnis als ein einfach binäres. Die „literarischen Elemente eines Textes erzeugen eine Bedeutungssphäre, die gegen andere Text-Elemente wie Grammatik und Referenz steht, die eine scheinbare

---

274 Ebenda.

275 De Man, Paul: Semiology and Rhetoric. *Allegories of Reading*. London: Yale, 1979. S. 15.

276 Münker, Stefan: Poststrukturalismus. Stefan Münker u. Alexander Roesler (Hrsg.). Stuttgart: Metzler 2000. S. 142.

277 De Man, Paul: Semiology and Rhetoric. *Allegories of Reading*. London: Yale, 1979. S. 10.

278 Ebenda. S. 18.

279 De Man, Paul: Semiology and Rhetoric. *Allegories of Reading*. London: Yale, 1979. S. 10.

Einheit des Sinns ermöglichen"[280]. Grammatische Strukturen führt de Man als immer gleiche, in sich konsistente Strukturen an, auf deren Basis eindeutige Aussagen möglich werden und setzt sie so in ein unterstützendes Verhältnis zur Logik. „Rhetoric radically suspends logic and opens up vertiginous possibilities of referential aberrations"[281]. Der rhetorische Modus lässt keinerlei Möglichkeit der Entscheidbarkeit zu. So steht er gegen den universalistischen Anspruch grammatisch-logischer Strukturen. „From Plato on to the sophists to Searle on Derrida, it has always been a contest between "serious" philosophy, aimed at the one, authoritative truth, and on the other hand a rhetoric which knows and exploits its own irreducibly figural status"[282].

Auch hier kann der rhetorische Modus nicht auf den grammatischen verzichten und umgekehrt. Keiner der beiden schließt den anderen aus. Ihr Verhältnis besteht so vielmehr in einer logischen Spannung, die nicht aufgelöst werden kann. Ebenso, wie die Unentscheidbarkeit zwischen den angegebenen möglichen Interpretationen, die insofern miteinander verwoben sind, als dass sie einander ausschließen, wobei aber die eine ohne die andere nicht möglich ist, gelangt jede Lektüre an einen Punkt, an dem

> "reason itself becomes enmeshed in "undecidable" contexts of argument beyond its power to comprehend or control. What de Man won't accept is the convenient escape-route which holds that poems just *are* paradoxical and ambiguous, since that is the way that literary language works, as distinct from the language of rational prose discourse"[283].

Wie im ersten Beispiel, der rhetorischen Frage, schon ersichtlich wurde, sieht Archie Bunker sich einer Struktur linguistischer Bedeutung gegenüber, die er nicht kontrollieren kann, da sie ein Aufbrechen von eindeutiger Referenz in eine unentscheidbare und infinite Vielfalt ermöglicht.

---

280 Münker, Stefan: Poststrukturalismus. Stefan Münker u. Alexander Roesler (Hrsg.). Stuttgart: Metzler 2000. S. 142.

281 De Man, Paul: Semiology and Rhetoric. *Allegories of Reading*. London: Yale, 1979. S. 12.

282 Norris, Christopher: Some Versions of Rhetoric: Empson and de Man. *Genre. Deconstruction at Yale*. Roland Schleifer u. Robert Con Davis. Vol. XVII, number ½. Norman: University of Oklahoma, 1984. S. 193.

283 Ebenda. S. 194.

4.2.6 Sprache und Wirklichkeit

Das figurative Potenzial der Sprache, also die Rhetorizität, ist für de Man das Fundament der Literarizität oder des Literarischen. „Die Sprache besitzt ein autonomes Potenzial, das sich nicht auf Bezeichnung reduzieren lässt, das keine Verlässlichkeit schafft, weil ihr die Eindeutigkeit fehlt"[284]. Das Beispiel der Proust Passage illustriert das Verhältnis von Sprache und Wirklichkeit in mehrfacher Hinsicht.

Zum einen liest de Man die Passage als ein Postulat für den vereinheitlichenden und versöhnenden Charakter der Metapher, auf ihre Absolutheit und daher ihre Überlegenheit gegenüber anderen Tropen hin. Diese Lektüre bietet die Passage selbst an. Die in ihr getroffene Aussage ist das Evozieren einer natürlichen Erfahrung des Sommers über den Weg von "seductive metaphors"[285] . Der Auszug ist nicht nur figural sondern gleichzeitig metafigural in der Hinsicht, als dass er seinen eigenen Kommentar mitliefert: Er schildert zwei Möglichkeiten seines eigenen Unternehmens und entscheidet sich für eine. Die Metapher, der der Text die Präferenz gibt, die die Erfahrung des Sommers in ihrer Absolutheit ermöglicht, also genau abbilden kann, ist die notwendige Verbindung zum Summen von Fliegen. Eine eher kontingente Verbindung, die eines zufällig gehörten Liedes, wird als unzureichend verworfen.

Die Aussage, die der Text also selbst vorgibt, ist die der Überlegenheit der Metapher, oder vielmehr der Absolutheit und Totalität der Metapher. Diese wird so zum absoluten Ausdruck und die "unifying power of metaphor"[286] macht es möglich, eine natürliche Erfahrung des Sommers über den Weg von Sprache zu konstituieren.

Die Metapher setzt hier also eine absolute Präsenz, die die Diskrepanz zwischen Sprache und Natur zu überbrücken, zu schließen bzw. eben wiederzuvereinen scheint. Abgesehen davon, dass de Man hier auf die Kritik verweist, die Nietzsche den metaphysischen Kategorien über den Bezug zur Metaphorik der Sprache unterzogen hat, wird diese Aussage des Texts von ihrem eigenen metonymischen Syntaxgefüge, in das die Metaphern eingebaut sind, unterminiert und so widerlegt, zumindest unglaubwürdig. Seine Dekonstruktion nimmt - laut de Man - der Text

---

284 Münker, Stefan: *Poststrukturalismus*. Stefan Münker u. Alexander Roesler (Hrsg.). Stuttgart: Metzler 2000. S. 143.

285 De Man, Paul: Semiology and Rhetoric. *Allegories of Reading*. London: Yale, 1979. S. 14.

286 Ebenda. S. 16.

so selbst vor. Genauer gesagt dekonstruiert er sich selbst, aufgrund der Divergenz seiner eigenen figuralen Dimension in Bezug zu seiner metafiguralen Dimension. So gelangt de Man hier zwar am Ende zu einer Wahrheit, im Gegensatz zu der vorher beschriebenen Unentscheidbarkeit in Bezug auf die rhetorische Frage. Diese wurde aber aufgewiesen durch ein negatives Moment: Dadurch nämlich, dass sich der Text selbst dekonstruiert hat und so seine eigene Aussage als unglaubwürdig zurückgewiesen werden muss.

Nietzsches Kritik, auf die de Man sich hier bezieht, dekonstruiert die metaphysischen Kategorien, unter Bezugnahme auf eben die rhetorische Dimension der Sprache, ihrer Metaphorik. Wie eingangs beschrieben, stellt sich Wahrheit sodann als keine absolute Kategorie mehr dar, sondern besteht lediglich aus einer „tradierten, angelernten, aber unreflektierten Metaphorik"[287]. Die Metapher gibt sich nun als die fehlende Verbindung aus, die eine Einheit von Natur und Sprache, oder eben die strikten binären Polaritäten wie Anwesenheit/Abwesenheit, ermöglicht. Bezogen auf die Literatur bedeutet das: „A literary text simultaneously asserts and denies the authority of its own rhetorical mode"[288]. An anderer Stelle sagt Paul de Man außerdem, dass es genau das rhetorische Potential der Sprache ist, das Literatur ausmache. Wenn also Sprache keinen Bezug zu einer außersprachlichen Wirklichkeit behaupten kann, sondern - unter Bezug auf Nietzsche - Wahrheit selbst aus einer tradierten Metaphorik konstituiert ist, dann ist Literatur „the most unreliable language in terms of which man names and transforms himself"[289].

Das Wesen der Literatur besteht „nach de Man in ihrer einzigartigen Illusionslosigkeit gegenüber dem tatsächlichen Leistungsvermögen von Sprache und damit in einem bewussten Illusionismus, der sie gegenüber den Verlockungen logozentrischen Wahrheitsstrebens nachhaltig immunisiert"[290]. Sprache wird sodann zu einem Medium, das „sich ... nicht selbst überschreiten kann ... also auf einen Dialog mit sich selbst zurückgeworfen ist"[291]. Gerade die Metapher kann hier als Paradigma für das metaphysische Konzept der Präsenz, der Essenz und der Wahrheit

287 Zima, Peter V.: *Moderne/Postmoderne*. Tübingen: Francke, 1997. S. 115.

288 De Man, Paul: Semiology and Rhetoric. *Allegories of Reading*. London: Yale, 1979. S. 17.

289 Ebenda. S. 19.

290 Hirstmann, Ulrich: *Parakritik und Dekonstruktion. Eine Einführung in den amerikanischen Poststrukturalismus*. Würzburg: Königshausen und Neumann, 1983. S. 65.

291 Ebenda.

gelten, als dass sie „der Selbsttäuschung anheim fällt, sie bilde Wirklichkeit ab"[292].

4.2.7 Subjekt

De Man fragt nun aber weiter, ob der rhetorische Modus der Passage metaphorisch oder metonymisch sei und gerät darüber wiederum in den „same state of suspended ignorance"[293] wie es bei der rhetorischen Frage der Fall war, denn die Frage nach dem rhetorischen Modus sei nicht zu beantworten. Zunächst sieht es so aus, als würde die Rhetorik von der Grammatik dekonstruiert. Die Metaphern sind eingefügt in eine metonymische Struktur. „But this metonymic clause has as its subject a voice whose relationship to this clause is again metaphorical"[294]. De Man reduziert den Autor, den Erzähler oder eben das Subjekt "to a mere grammatical pronoun, without which the narrative could not come into being"[295]. Dieses grammatische Pronomen behält allerdings "a function that is not grammatical but rhetorical, in that it gives voice, so to speak, to a grammatical syntagm"[296]. Die Beziehung des Erzählers zur eben benannten metonymischen Struktur ist in sich selbst metaphorisch: "the metaphor of a grammatical syntagm whose meaning is the denial of metaphor stated, by antiphrasis, as its priority"[297] So ergibt sich derselbe Status der Unentscheidbarkeit, wie im zuvor angeführten Beispiel der rhetorischen Frage.

Was die Dezentralisierung des Subjekts im Strukturalismus begann, ist hier in einer radikalen Form weiter entwickelt: Das Subjekt wird nicht nur in eine ihm vorgängige Struktur eingeschrieben, aus welcher es sich nicht als autonom handelndes, mit einem freien Willen ausgestattetes Individuum, als Schöpfer seiner eigenen Akte verstehen kann, sondern es wird in einem unendlichen ent-grenzten Gefüge von Text zu einem einfachen grammatischen Pronomen - zu einer Funktion. Das erste Beispiel stellte bereits die Unmöglichkeit für Archie Bunkers heraus, ebenso die Unfähigkeit seiner Frau, die linguistische Bedeutung zu kontrollieren. Nicht nur sieht de Man hier die Kontrolle über halb-automatische

292 Ebenda.

293 De Man, Paul: Semiology and Rhetoric. *Allegories of Reading*. London: Yale, 1979. S. 19.

294 Ebenda. S. 18.

295 Ebenda.

296 Ebenda.

297 Ebenda.

generative grammatische Strukturen einem Subjekt entzogen, vielmehr sieht er auch, dass eine Lektüre nicht ""our" reading"[298] ist, "since it uses only the linguistic elements provided by the text itself; the distinction between author and reader is one of the false distinctions that the reading makes evident"[299]. Sprache generiert sich selbst, der Text dekonstruiert sich selbst, Bedeutung in einer finalen und absoluten Form kann nicht erreicht oder etwa durch eine bestimmte Motivation oder Absicht erzeugt werden. Das Subjekt erfährt eine radikale Unterordnung, wenn nicht gar die Auflösung in einem sich auf grammatischen Strukturen erzeugenden System. Sprache bleibt ausschließlich auf sich selbst bezogen. Eine Beziehung zu einer außersprachlichen Wirklichkeit wird als Illusion zurückgewiesen. Der rhetorische Modus der Sprache steht in einer logischen Spannung zur grammatischen Struktur, die nicht aufgehoben werden kann. Figurale Elemente, worauf Literatur sich gründet, verweisen ausnahmslos aufeinander und erzeugen dementsprechend ein sich selbst erzählendes System von wechselseitigen Bezügen innerhalb derer Bedeutungsverweisungen möglich sind.

---

298 Ebenda. S. 17.

299 Ebenda.

6. Dekonstruktion und Literaturtheorie

Paul de Man bezieht sich mit seiner literarischen Anwendung auf das theoretische Modell Jacques Derridas. So lassen sich an einigen Eckpunkten der zuvor aufgeführten Positionen Ähnlichkeiten aufweisen. Obwohl der behandelte Text Jacques Derridas nicht explizit die Literatur thematisiert, können daraus Ableitungen gemacht werden, die sich – dem Umgang mit Text verpflichtet – für die Literaturkritik anbieten.

6.1 Philosophie oder Literaturtheorie?

Dekonstruktion bezieht sich nicht nur auf das Gebiet der philosophischen Tradition oder der Lektüre philosophischer Texte, der sich Jacques Derrida vornehmlich widmete. Im Dekonstruktivismus

> „sind drei Bereiche besonders exemplarisch:
>
> - die amerikanische Literaturtheorie der sog. »Yale-School« um Paul de Man,
> - der französische Feminismus vor allem um Hélène Cioux und Luce Irigaray und
> - die sogenannte »dekonstruktive« bzw. »dekonstruktivistische« Architektur"[300].

In den beiden erstgenannten Bereichen findet sie ihre Anwendung direkt in Bezug auf Texte (im Feminismus sind dies Texte der Psychoanalyse oder Texte in Bezug auf spezifisch weibliches Schreiben), wobei sie in der Architektur aus ihrem ursprünglichen Kontext herausgenommen ist.

> „Derrida schreibt häufig über literarische Werke, hat sich aber nicht unmittelbar mit solchen Themen wie der Aufgabe der Literaturkritik, den Methoden zur Analyse der literarischen Sprache oder der Natur des Sinns in der Literatur befaßt. Die Implikationen der Dekonstruktion für die Literaturwissenschaft müssen daher abgeleitet werden"[301].

Die spätere Adaption der Dekonstruktion durch die Yale-Deconstructionists für den Bereich der Literaturwissenschaft ist naheliegend, wenn man den Dekonstruktivismus als ein Denken erkennt, das „Kritiker über Lektüren und ihre Fragen über Interpretation beeinflussen"[302] kann.

---

300 Münker, Stefan: *Poststrukturalismus*. Stefan Münker u. Alexander Roesler (Hrsg.). Stuttgart: Metzler 2000. S. 140.

301 Culler, Jonathan: *Dekonstruktion. Derrida und die poststrukturalistische Literaturtheorie*. Reinbek b.Hamburg: Rowohlt Taschenbuch Verlag GmbH, 1988. S. 200.

302 Ebenda.

Unter der Voraussetzung, dass die Dekonstruktion nach Derrida eben auch einen Umgang mit Text beschreibt, wird ersichtlich, wie eine solche Praxis, gebettet in einen allgemeinen Wandel des Denkens, Eingang in die Literaturtheorie gefunden hat.

Bezieht sich Derrida nicht explizit auf literarische Texte, so ist es auch anhand seines ausgeweiteten Begriffs von Text - der Welt als Text, als infinites Spiel von Differenzen zu der es kein Außerhalb gibt - nicht schwierig, das Konzept auch auf literarische Texte zu übertragen.

> „Das dekonstruktive Lesen ist kein quasi-literaturkritisches von Texten, die *als* philosophische anderen als literarischen Regeln gehorchten, sondern es weist in den Texten das auf, was diese *weg*schreiben; es zeigt, wo und in wiefern sie etwas ausplaudern (können und müssen), was sie nicht sagen wollen: Jeder Text gibt etwas zu lesen, was nicht im Inhalt quasi-'semantisch' aufgeht und einlösbar wäre. Derridas Lektüren sind zuallererst philosophische, wenngleich gegen die gängige Lektüre philosophischer Texte gerichtet; aber deren Implikationen holen auch die sog. 'literarischen' Texte ein"[303].

Die Trennung zwischen der Gattung Literatur und der Philosophie verschwimmt. „Derridas Lektüre der Philosophie als literarische Gattung hat uns gelehrt, philosophische Schriften als Texte mit einer performativen und einer kognitiven Dimension zu sehen"[304]. Diese Konzeption würde der Paul de Mans nahekommen. In seiner expliziten Anwendung der Dekonstruktion auf literaturtheoretisches Gebiet, geht er davon aus, dass literarische Texte eine rhetorisch-figurale und eine grammatisch-semiologische Ebene aufweisen. Derrida liest philosophische Texte als „heterogene Konstrukte, die von verschiedenen diskursiven Kräften organisiert werden und diese wiederum organisieren, Kräfte, die sich selbst niemals einfach präsent sind oder ihre eigenen Implikationen unter Kontrolle haben"[305]. Dies findet seine Entsprechung in de Mans Annahme, dass die halb-automatischen, generativen Strukturen der Grammatik und die figurative Ebene der Rhetorik einander insofern entgegenstehen, als dass sie den Text generieren und gleichzeitig in keiner Art und Weise ein kontrollierbares oder abschließbares Erfassen zulassen.

---

303 Menke, Bettina: Dekonstruktion - Lektüre: Derrida literaturtheoretisch. *Neue Literaturtheorien. Eine Einführung*. K.M. Bogdal (Hrsg.). Oplade: Westdeutscher Verlag GmbH, 1997. S. 242–273. S. 256.

304 Culler, Jonathan: *Dekonstruktion. Derrida und die poststrukturalistische Literaturtheorie*. Reinbek b. Hamburg: Rowohlt Taschenbuch Verlag GmbH, 1988. S. 202.

305 Ebenda.

Vielmehr unterminieren sie den Text und sind so in ihren eigenen Implikationen nicht eindeutig bestimmbar.

Philosophie bezieht sich selbst in ihren bewussten Aussagen aber gegen eine unendliche Referenzialität. Gerade diese muss sie ausschließen, um ihr eigenes Vorhaben zu verwirklichen. Sie muss eine Eindeutigkeit in ihrer Schriftlichkeit erreichen, die

> „alle nicht-ernsthaften Äußerungen als parasitäre Ausnahmen, deren Paradigma die Literatur bildet, ausklammer(t). Indem die Philosophie Probleme der Fiktionalität, der Rhetorik und des Nicht-Ernsthaften in einen marginalen und abhängigen Bereich verweist ...schafft sie eine gereinigte Sprache, die sie durch Regeln zu beschreiben hoffen kann, welche die Literatur sprengen würde"[306].

Das Bestreben der Philosophie besteht ja darin, einen letzten Text, ein letztes Wort zu erlangen, über den hinaus nicht mehr die Notwendigkeit bestünde, weitere zu produzieren. Indem Derrida nun aber nachweist, dass solche Eindeutigkeit nicht zu erreichen ist, vielmehr, dass sich Texte durch ihre eigene Aporie dekonstruieren, ihr Vorhaben also zumeist in einem logischen Widerspruch zu ihren Grundlagen steht, dekonstruiert er zunächst die strikte Trennung von Philosophie und Literatur. Das bedeutet allerdings nicht zugleich, dass kein Unterschied bestünde zwischen Literatur und Philosophie.

Dieser liegt im Bewusstsein der Literatur über sich selbst: „Literatur zeichnet sich durch *bewusste* Fiktionalität aus, während die logozentrischen Mythen des abendländischen Rationalismus sich solcher Aufklärung gerade widersetzen und ihre *bewußtlosen* Fiktionen zur ‚Wahrheit' überhöhen"[307]. Wenn man mit Derrida davon ausgehen muss, dass es schon immer „un TEXTE, un réseau de renvois textuels à D'AUTRES textes, une transformation textuelle („einen Text..., ein Netz von textlichen Verweisungen auf andere Texte, als eine textliche Transformation[308])"[309] gibt, dekonstruiert sich das philosophische Vorhaben selbst,

---

306 Culler, Jonathan: *Dekonstruktion. Derrida und die poststrukturalistische Literaturtheorie*. Reinbek b. Hamburg: Rowohlt Taschenbuch Verlag GmbH, 1988. S. 2001.

307 Hirstmann, Ulrich: *Parakritik und Dekonstruktion. Eine Einführung in den amerikanischen Poststrukturalismus*. Würzburg: Königshausen und Neumann, 1983. S. 66.

308 Kristeva, Julia, Derrida, Jacques: Semiologie und Grammatologie. *Postmoderne und Dekonstruktion. Texte französischer Philosophen der Gegenwart*.Stuttgart: Reclam, 1990. S. 158.

309 Kristeva; Julia u. Derrida, Jacques: Sémiologie et Grammatologie. *Essays in Semiotics/Essais de Sémiotique*. Julia Kristeva (Hrsg.). Paris: Mouton, 1971 S. 24.

bzw. weist Derrida der Philosophie ihre eigene Widersprüchlichkeit nach.

Der Illusion einer Möglichkeit von Erkenntnis und absoluter Wahrheit ist die Literatur laut de Man nicht aufgesessen. Seine Gleichsetzung des rhetorischen Potenzials der Sprache mit Literarizität oder der Literatur selbst, weist darauf hin, dass sie sich „definiert ... als Fiktion und ist damit das einzige Medium, das die universale Scheinhaftigkeit sprachlicher Weltkonstitution eingesteht, während die übrigen Diskursformen ihre ontologische Inhaltsleere gerade durch den Anspruch auf referentiellen Empirie- und Weltbezug zu leugnen suchen“[310].

Hier wird ein direkter Bezug zu Nietzsches Kritik des Wahrheitsbegriffs in der Metaphysik deutlich. De Man, ebenso wie Nietzsche, weist die Möglichkeit eindeutiger Entscheidbarkeit und eines solchen Sinns insofern zurück, als dass beide sich auf das freie Spiel der rhetorischen Dimension von Sprache berufen und einen außersprachlichen Grund oder einen außersprachlichen Abgleich von Erkenntnis negieren. Sprache hat weder bei Paul de Man, noch bei Jacques Derrida einen außersprachlichen Bezug. Die metapyhsische Frage nach absoluter Erkenntnis und Wahrheit, die auch in de Mans Text zu ersehen ist, wird letztendlich insofern irrelevant, als dass sie - wie eben die rhetorische Lektüre eines Textes bei de Man - in eine Unentscheidbarkeit führt.

6.2 Lektüre/Interpretation

Damit ist allerdings nicht gesagt, dass es hinfällig würde, Literaturtheorie zu betreiben. Bei Paul de Man wird Interpretation ein „nachgängiges Phänomen, das primäre Textimpulse aufnimmt und behutsam umsetzt“[311]. Die Frage nach Erkenntnis von Sinn oder Wahrheit, wie sie einer metaphysischen Fragestellung entspricht, könnte lediglich durch die Philosophie beantwortet werden, insoweit, als dass sie immer nach einem der Sprache und allem Subjektiven entzogenen Idealen sucht. Wie dieses Modell nun, nicht zuletzt durch die Arbeit Jacques Derridas, verworfen bzw. transformiert wurde, stellten die vorangegangenen Kapitel dar. Die Erkenntnisfrage, wie sie sich nun in veränderter Form stellen mag, fragt nicht mehr nach Oppositionen wie Innen/Außen, sondern

---

310 Hirstmann, Ulrich: *Parakritik und Dekonstruktion. Eine Einführung in den amerikanischen Poststrukturalismus.* Würzburg: Königshausen und Neumann, 1983. S. 65.

311 Hirstmann, Ulrich: *Parakritik und Dekonstruktion. Eine Einführung in den amerikanischen Poststrukturalismus.* Würzburg: Königshausen und Neumann, 1983. S. 66.

vereint in sich Gegensätze, die sie gleichsam gelten lässt, weil sie als notwendige Bezüge gelten müssen.

Mit der Einsicht, dass absolute Einsicht eben nicht möglich ist, kann Literatur in der Hinsicht als ein Medium der Erkenntnis gelten, als dass sie „die höchstmögliche Einsicht in das Wesen von Sprache und damit einer jederzeit sprachlich konstituierten ‚Welt' gewährt"[312]. Diese Erkenntnis wäre nach Paul de Man allerdings in Form einer Lektüre nur über ein negatives Moment des Widerspruches zu erreichen. Über die Unentscheidbarkeit ergeben sich Fehllektüren, die an sich ebenfalls nur Teilwissen ergeben können. Jede Lektüre führt so notwendigerweise zu einer weiteren Lektüre dieser Interpretation und so fort. Das Unternehmen einer Interpretation wird aufgrund der Unfähigkeit „die zentrale ‚Wahrheit' der eigenen Ausführungen in den Blick zu nehmen"[313] zu einer Kette von unendlichen Verweisungen: „Dieser unendliche Regreß des Deutens rückt so das Kunstwerk in eine säkulare Transzendenz, in die Grelle einer Wahrheit, die kein einzelner zu schauen vermag, und garantiert zugleich die prinzipielle Unabschließbarkeit interpretativer Prozesse"[314].

Was hier zugrunde liegt, ist das Prinzip der Différance wie wir es bei Jacques Derrida erläutert haben. Das unendliche Verweisen eines Textes auf einen anderen in einer prinzipiellen Unabschließbarkeit, wobei jeder weitere Text zwar als nachgängig aber nicht sekundär zu betrachten ist, ist eindeutig eines der zentralen Prinzipien, die de Man in Anlehnung an Derrida ableitet. Eine erste Interpretation ist die Initiierung eines interpretativen Geschehens, das – „gerade durch das Scheitern ihres unmittelbaren Textzugriffs"[315] – zu keinem endgültigen Ergebnis gelangen kann, da es mit jedem Text, der einen weiteren Text produziert, in eine unabsehbare Unendlichkeit fortgeschrieben werden kann.

Ganz im Sinne der Derridaschen Ökonomie der Spuren müssen die verschiedenen Fehllektüren aufeinander verweisen und beweisen so ihre eigentliche Unabgeschlossenheit und Relativität. Das Erkennen einer Wahrheit scheint hier nicht prinzipiell verworfen, allerdings richtet sich das Augemerk mehr und mehr auf den Prozess, der eben als prinzipiell

---

312 Ebenda.

313 Ebenda. S. 67.

314 Hirstmann, Ulrich: *Parakritik und Dekonstruktion. Eine Einführung in den amerikanischen Poststrukturalismus*. Würzburg: Königshausen und Neumann, 1983. S. 67.

315 Ebenda. S. 68.

uneinholbar gelten muss. Aus diesem Konzept ergibt sich also nicht etwa ein Verzicht auf Interpretation oder ein Nihilismus, sondern es erweist vielmehr die Notwendigkeit dieses Geschehens, das in seiner Fortschreibung - so subjektiv sie auch sein mag - weder einzuholen noch aufzuhalten ist. Fehllektüren im Sinne de Mans gehören so konstitutiv zur Literatur und erweitern ihren Bereich um den Bereich ihrer eigenen Kritik, die ebenfalls - ganz Derrida verpflichtet - nicht etwa in einem hierarchischen Verhältnis zu ihrem eigenen Gegenstand stehen, sondern vielmehr notwendigerweise zu ihm gehören.

6.3 Dekonstruktion als Literaturtheorie

Sprache ist der Dekonstruktion also auch das grundlegende System, in dem sich Sinn generiert. Es kann nicht mehr strukturalistisch davon ausgegangen werden, dass das Subjekt ein konstituierendes Element innerhalb dieses Prozesses darstellt. Bei de Man zur Metapher oder einem grammatischen Pronomen, also der Rhetorizität der Sprache eingeordnet, bei Jacques Derrida dem Spiel der Différance ausgesetzt, muss ein in diesem Sinne gefasster Autor oder Erzähler, aber auch ein Interpret, verworfen werden. Diese können nicht mehr als autonom Handelnde verstanden werden, die in welcher Form auch immer, eine bestimmende Grundlage der autonomen Sinngenerierung gegenüberstehen. Vielmehr werden diese Begriffe aufgelöst. Literaturtheorie muss sich also von einem Standpunkt verabschieden, von dem aus sie eine Distanz zu ihrem Gegenstand annimmt.

Theorie oder Kritik wird so mehr gedacht als eine im Prozess selbst eingeschriebene Supplementierung ihres Gegenstandes. Was in der dekonstruktiven Literaturtheorie demnach vollzogen wird, ist das Mitschreiben des vorangehenden Prozesses einer Selbstdekonstruktion, die sich aus den Texten ergibt. Nicht eine prinzipielle Unmöglichkeit von Erkenntnis wird hier angenommen, denn im Grunde liefert „jede Interpretation Einsichten in ihren Gegenstand“[316]. Der Erkenntnisbegriff wird vielmehr anders gefasst.

Die Dekonstruktion wendet sich gegen die Absolutheit und Unveränderlichkeit von Wahrheit und Erkenntnis. Gerade Literatur ist sich darüber bewusst, dass „sie keinen festen Grund im Bewusstsein, der Natur

---

316 Hirstmann, Ulrich: *Parakritik und Dekonstruktion. Eine Einführung in den amerikanischen Poststrukturalismus*. Würzburg: Königshausen und Neumann, 1983. S. 69.

oder in irgendeiner metaphysischen Instanz besitzt"[317]. Im Gegensatz zur Philosophie gesteht sie sich diesen Bruch zwischen ‚Wirklichkeit' und Sprache ein, und versucht ihn zu heilen, was de Man als illusorisch aufweist. Dazu bedient sie sich wiederum der Sprache, der "unifying power of metaphor"[318] beispielsweise, wie es de Man beschreibt. Gerade daraus ergibt sich ein unauflöslicher Widerspruch, den sie allerdings in sich vereint, insofern sie sich kritisch oder reflexiv auf sich selbst bezieht. So ist „die Literatur die umfassendste Diskursweise. Es gibt nichts, was nicht in ein literarisches Werk eingehen könnte; es gibt kein Muster und keinen Bestimmungsmodus, der in ihr nicht zu finden wäre"[319].

Insofern man der Literatur einen gesonderten Status einräumt, wird sie der Philosophie nicht - auch nicht durch Derridas ent-grenzenden Begriff des Textes - gleichzusetzen sein. „Einen Text als Philosophie lesen heißt, einige seiner Aspekte zugunsten bestimmter Argumentationsweisen zu ignorieren; einen Text als Literatur lesen heißt, auch den scheinbar trivialen Aspekten Aufmerksamkeit zu schenken"[320]. Obwohl also der Unterschied zwischen literarischen und philosophischen Texten über den Derridaschen Textbegriff einen vereinheitlichenden Aspekt gewinnt, ist nicht etwa davon auszugehen, dass der Literatur im Dekonstruktivismus eine höherrangige Position zugeschrieben werden würde. Paul „de Man wendet die Kategorie « literarisch » auf alle Diskurse an ... die ihr eigenes Mißverstandenwerden präfigurieren und deshalb einer Fehllektüre unterzogen werden"[321]. Die Bevorzugung des einen gegenüber dem anderen, würde einem Denken entgegenstehen, das eine oppositionelle Logik zu überwinden sucht.

„Außer auf den Begriff der Literatur hat die Dekonstruktion wegen der Zerstörung grundlegender philosophischer Hierarchien Einfluß auf eine Reihe literaturkritischer Begriffe"[322]. Im Einzelnen ist an dieser Stelle auf das Aufbrechen des Gegensatzes wörtlich/metaphorisch hinzuweisen. Dies hat zwar zum einen die Konsequenz, dass der rhetorischen Ebene von Sprache eine eigenständigere Rolle zukommt, die nicht als Ausnah-

---

317 Münker, Stefan: Poststrukturalismus. Stefan Münker u. Alexander Roesler (Hrsg.). Stuttgart: Metzler 2000. S 143.

318 Ebenda. S. 16.

319 Culler, Jonathan: *Dekonstruktion. Derrida und die poststrukturalistische Literaturtheorie*. Reinbek b. Hamburg: Rowohlt Taschenbuch Verlag GmbH, 1988. S. 202.

320 Ebenda.

321 Ebenda. S. 204.

322 Ebenda. S. 205.

me sondern als konstitutiver Regelfall angenommen werden kann; es ermöglicht andererseits aber eben keine eindeutige Ent- und Unterscheidbarkeit mehr.

Das Dekonstruieren klassischer Begrifflichkeiten wie *Autor*, das heißt die Reduktion des Autors, oder auch des Subjekts innerhalb eines Textes wie bei de Man, macht die traditionelle Instanz der Literaturtheorie hinfällig. Autor/Subjekt/Interpret werden zu einer Funktion innerhalb eines impersonalen Systems unkontrollierbarer Textgenerierung. Weder als grammatisches Pronomen, noch als Effekt der Différance, lässt sich eine Instanz wie die des Autors oder des Interpreten für eine Erkenntnissicherung des Textes halten.

Was sowohl Jacques Derrida als auch Paul de Man gemeinsam ist, ist das Betonen des Prozesshaften. In ihrer Auseinandersetzung mit sich selbst ist „Literatur … eine Schreibweise, die sich durch die Suche nach der eigenen Identität auszeichnet“[323]. So liegt ihr die Prozesshaftigkeit, die der Dekonstruktivismus postuliert, nahe. Diese Identitätssuche beschränkt sich nun ausschließlich - mit der Nivellierung eines Außen und dem Wegfall eines transzendentalen Signifikats - auf den Bereich der Sprache und kann nicht mehr auf eine gültige Referenz in Bezug auf ein Außen hoffen. Die Möglichkeit einer Versöhnung von Sprache und Wirklichkeit fällt weg.

Literaturtheorie sieht sich so durch den Dekonstruktivismus nicht nur einer Verschiebung von tradierten Fragestellungen ausgesetzt, sondern sie muss sich verabschieden von Begrifflichkeiten und Kategorien, die ihr zuvor zur Sicherung einer einheitlichen Interpretation - wie im New Criticism, oder der klassischen hermeneutischen Lektüre - dienten. Außerdem muss sie sich in ihren Grundlagen von der Annahme verabschieden - einerlei über welche technischen Zugangsweisen, sei es über den Bezug zur Sprache auf Strukturen konzentriert, oder über den Bezug zu Gesellschaft auf Machtmechanismen oder soziologischen Modellen –, dass eine letztgültige Interpretation, die vereinheitlichend und homogen ist, möglich wäre.

[323] Ebenda. S. 203.

7. Abschließende Betrachtung

Zu Beginn der Arbeit wurden also die Voraussetzungen der Dekonstruktion erläutert. Die beschriebenen gesellschaftlichen, sozialen und wissenschaftlichen Veränderungen ebneten den Weg für ein postmodernes Denken, das sich in seiner Ausrichtung von Werturteilen und Hierarchien abgrenzt. Ein Denken, das unter einem Herrschaftsprinzip das Andere ausschließt, wurde abgelöst von einer offeneren, partikularen und demokratisierenden Sichtweise. Das Begrüßen der Vielheit und der Pluralität schlug sich, wie dargestellt, in wesentlichen Bereichen nieder.

Die Öffnung der Literaturwissenschaft gegenüber anderen Disziplinen führte zu einer Vielzahl technischer Neuerungen und Methoden, von denen der Dekonstruktivismus - durchaus basierend auf den Annahmen des Strukturalismus - eine radikale Praxis darstellt, die oft unter dem Vorwurf der Entmystifizierung und der Nivellierung von Literatur steht. Die generelle Abkehr von der Konzentration auf die Fiktionalität von Literatur zugunsten ihrer Funktionsweise über Sprache, bringt gerade im Dekonstruktivismus eine Art der Analyse mit sich, die dem *close reading* des New Criticism insofern nicht unähnlich ist, als dass sie sich hauptsächlich eines werkimmanenten Verfahrens bedient. Dadurch, dass sich eine dekonstruktive Lektüre auf die grundlegenden Voraussetzungen eines Textes mit Blick auf die im Text gemachte Aussage bezieht, lässt sie eine Einbeziehung von außertextuellen Bezügen außer Acht. Sie geht allerdings auch mit einer bestimmten Intention an die Texte heran, die von vorneherein von einer aufzuweisenden Widersprüchlichkeit ausgeht. Eine 'mystifizierte' Auffassung von Literatur, die sich darauf beruft, dass ein jedes Werk einen individuellen Wert besitzt und eine individuelle Wahrheit erfasst, steht so zumindest nicht im Zentrum einer dekonstruktivistischen Lektüre. Vielmehr stellt sich die Frage des Wertes in der Dekonstruktion nicht mehr.

Dem Vorwurf einer Nivellierung mag bei genauerer Betrachtung, da weder Derrida noch de Man von einer absoluten Beliebigkeit von Interpretation ausgehen, insofern begegnet werden, als dass es mit einer solchen Praxis hinfällig wird, Werturteile über ein Werk oder einen Text aufzustellen. Wie bei de Man ersichtlich wurde, ist es nicht etwa sein Interesse, der Literaturtheorie ein Ende dadurch zu setzen, dass er die Unmöglichkeit einer völligen Erfassung und einer letztgültigen Interpretation verwirft. Vielmehr ist Theorie hier eine Erweiterung der Literatur durch ihre eigene Kritik, also eine Fortschreibung der Werke, die in eine Unendlichkeit von weiteren Texten führen. Dies erweist nun eher die Notwendigkeit eines solchen Prozesses, als dass es zu seiner Aufhebung führt. Lediglich der Stellenwert von Texten, unter wertender Einordnung in ästhetische Kategorien, wird mit der Dekonstruktion irrelevant.

In der Dekonstruktion der Texte liegt also ein sehr produktives Moment. Die Gleichrangigkeit von Text und seiner Interpretation entspricht einer postmodernen Weltauffassung, in der es nicht mehr möglich ist, Werturteile zu halten, da die Überzeugung nicht mehr möglich ist, einen Rückgriff auf eine letzte Grundlage zum Abgleich von Wert und Wahrheit machen zu können. Die Anerkennung, die die Literatur dadurch allerdings insofern erfährt, als dass ihr die Fähigkeit zugesprochen wird, den illusionslosesten Zugang zur Scheinhaftigkeit der Welt zu haben, die jederzeit sprachlich konstituiert ist und nicht etwa auf eine natürliche Ordnung zurückgreifen kann, steht der Annahme einer Nivellierung entgegen. Wenn Literatur als ein Medium betrachtet wird, das einen Einblick in seine eigene Relativität, in die Relativität und Prozesshaftigkeit von Sinnkonstitution hat, und damit spielerisch und experimentell umgeht, ist dies wohl als ein Plädoyer für eine Auseinandersetzung mit Literatur zu sehen.

Was nach wie vor aber der Dekonstruktion zugrunde liegt, ist die Suche nach Erkenntnissen. Allerdings ist eine mögliche Erkenntnis hier in ungleich relativierter Form aufzufassen. Jede Interpretation ist bei de Man ein Erfassen von Teil-Erkenntnis. Der Prozess dieses Erfassens ist allerdings nie abzuschließen. So richtet sich das Denken der Dekonstruktion nicht gegen die Möglichkeit von Erkenntnis oder Verständnis überhaupt, sondern weist lediglich seine Relativität und Pluralität auf. Es ist durchaus möglich, einander widersprechende Aussagen als gleichrangig gelten zu lassen und nicht etwa die eine zugunsten der anderen auszuschließen. Ganz strukturalistisch, geht der Dekonstruktivismus nicht von absoluter Willkür oder Beliebigkeit aus, sondern sieht sich einem durchaus geregelten aber impersonalen Spiel von Differenzen gegenüber, in dem das Subjekt keine wie auch immer geartete Vormachtstellung einnimmt. So wird es Teil der Struktur und des Spiels und ist nicht etwa in der Lage von einem äußeren Standpunkt aus, zu beurteilen.

Die Perspektive verschiebt sich im Dekonstruktivismus wohl am deutlichsten von einem subjektzentrierten Denken zu einer systemischen und funktionalistischen – damit auch wertneutralen – Beschreibung. Innerhalb eines so vielseitigen und unbegrenzten Mediums wie der Literatur, aus dem nichts ausgeschlossen werden kann, weil potentiell alles in ein Werk eingehen kann, liegt eine solche Art der Analyse nahe. So beschrieben vollzieht ja die Literatur selbst schon immer das Spiel der Différance - indem sie Gegensätzliches und Pluralität in sich vereint, damit experimentiert und Transformationen unternimmt. Literatur bietet so eine solch offen gedachte, nicht auf Reglementierung gerichtete und kategorisierende Beschreibung, wie sie die Dekonstruktion vornimmt, selbst an. Aber im Denken der Differenz liegt eben auch die Notwendigkeit, andere Theorien und Ansätze gleichzeitig gelten zu lassen, ohne dass sich die Notwendigkeit oder die Möglichkeit ergeben würde, diese als unzutreffend oder gar falsch zurückzuweisen. Daher muss letztlich von der Dekonstruktion ebenfalls angenommen werden, dass sie „in the same state of suspended ignorance"[324] gefangen bleibt, wie es de Man zuvor über die Unentscheidbarkeit von Interpretationen angenommen hat.

[324] De Man, Paul: Semiology and Rhetoric. *Allegories of Reading*. London: Yale, 1979. S. 19.

Literaturverzeichnis

- Bogdal, K. M.: *Neue Literaturtheorien. Eine Einführung.* K.-M. Bogdal (Hrsg.). Oplade: Westdeutscher Verlag GmbH, 1997.
- Culler, Jonathan: *Dekonstruktion. Derrida und die poststrukturalistische Literaturtheorie.* übers. von Manfred Momberger. Reinbek bei Hamburg: Rowohlt Taschenbuch Verlag GmbH, 1988.
- Culler, Jonathan: *Framing the Sign. Criticism and its Institutions.* Oxford: Basil Blackwell, 1988.
- De Man, Paul: Semiology and Rhetoric. *Allegories of Reading. Figural Language in Rousseau, Nietzsche, Rilke, and Proust.* London: Yale University Press, 1979. 3–19.
- Engelmann, Peter: *Postmoderne und Dekonstruktion. Texte französischer Philosophen der Gegenwart.* Peter Engelmann (Hrsg.). Stuttgart: Philipp Reclam jun. GmbH & Co., 1990.
- Fehr, Johannes: *Ferdinand de_Saussure. Linguistik und Semiologie. Notizen aus dem Nachlaß Texte, Briefe und Dokumente.* Frankfurt a. Main: Suhrkamp, 1997.
- Hawthorne, Jeremy: *Grundbegriffe moderner Literaturtheorie. Ein Handbuch.* übers. v. Waltraud Kolb. Tübingen: Francke, 1994.
- Hirstmann, Ulrich: *Parakritik und Dekonstruktion. Eine Einführung in den amerikanischen Poststrukturalismus.* Würzburg: Königshausen und Neumann, 1983.
- Kimmerle, Heinz: *Derrida zur Einführung.* Hamburg: Junius, 1992.
- Kristeva; Julia u. Derrida, Jacques: Sémiologie et Grammatologie. *Essays in Semiotics/Essais de Sémiotique.* Julia Kristeva (Hrsg.). Paris: Mouton, 1971. 11–27.
- Moebius, Stephan: *Absolute Jacques Derrida.* Stephan Moebius u. Dietmar J. Wetzel (Hrsg.). Freiburg: Orange Press, 2005.
- Münker, Stefan: *Poststrukturalismus.* Stefan Münker u. Alexander Roesler (Hrsg.). Stuttgart: Metzler, 2000.
- Nietzsche, Friedrich: *Zur Genealogie der Moral.* Giorgio Colli u. Mazzino Montinari (Hrsg.). München: Deutscher Taschenbuch Verlag GmbH & Co. KG, 1999.

- Robey, David: *Structuralism: An Introduction*. David Robey (ed.). Oxford: Clarendon Press, 1973.
- Schleifer R.: *Genre. Deconstruction at Yale*. Roland Schleifer u. Robert Con Davis. Vol. XVII, number ½. Norman: University of Oklahoma, 1984.
- Sebeok, Thomas A.: *Semiotics in the United States*. Bloomington & Indianapolis: Indiana University Press, 1991.
- Wischer, Erika: *Propyläen Geschichte der Literatur*. Band VI. Erika Wischer (Hrsg.). Frankfurt . Main: Verlag Ullstein GmbH, 1988.
- Zeilinger, Peter: *Nach Derrida: Dekonstruktion in zeitgenössischen Diskursen*. Peter Zeillinger u. Dominik Portune (Hrsg.). Wien: Turia + Kant, 2006.
- Zima, Peter V.: *Moderne/Postmoderne*. Tübingen: Francke, 1997.

Zeitfracht Medien GmbH
Ferdinand-Jühlke-Straße 7
99095 Erfurt, Deutschland
produktsicherheit@kolibri360.de